MAIS CASOS E PERCEPÇÕES DE 2018

(CRÔNICAS)

BRASIL
CONHECIMENTO
POR QUE
CRIMEO
ESTUDO
NOTA
PESQUISA
INFORMAÇÃO
HADDAD
CADEIA
SENADO
EDUCAÇÃO
DILMA
IGNOBEL
CURITIBA
SÃO PAULO
CASO
PT
LULA
UNIVERSIDADE
ELEIÇÃO
POVO
PETISTA
RECURSO
VIDA
CANDIDATO
BOLSONARO
NEYMAR
PRESO
PRESIDENTE
PERGUNTE
GESTÃO
CIRO

ALFREDO BRAGA FURTADO

2018

Alfredo Braga Furtado

MAIS CASOS E PERCEPÇÕES DE 2018

Belém-Pará-Brasil
Edição do Autor
2018

Projeto Gráfico: Alfredo Braga Furtado
Capa: Fernando Allan Delgado Furtado
Editoração Eletrônica: Alfredo Braga Furtado
Revisão: Fernando Allan Delgado Furtado.

Furtado, Alfredo. 1955-
Mais Casos e Percepções de 2018/Alfredo Braga Furtado. Belém:
abfurtado.com.br, 2018, 168 p.
ISBN: 978-85-455122-9-5
   1. Crônicas. 2. Percepções. 3. Casos. I. Título.
                                CDD-869.8992

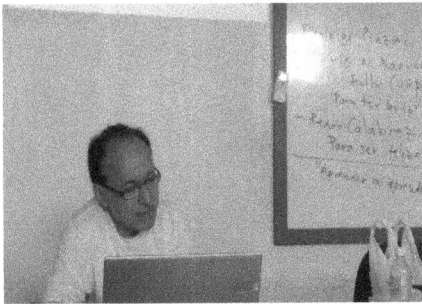

Alfredo Braga Furtado (foto by Cláudia Santo).

A RESPEITO DO AUTOR DESTA OBRA:

Alfredo Braga Furtado é doutor em Educação Matemática (Modelagem Matemática) pelo Instituto de Educação Matemática e Científica (IEMCI) da UFPA; possui mestrado em Informática pela PUC/RJ e especialização em Informática pela UFPA. Aposentou-se como professor associado da Faculdade de Computação do Instituto de Ciências Exatas e Naturais da UFPA. É escritor. Foi analista de sistemas da UFPA de 1976 a 1995. Foi professor da UFPA de 20/08/1978 a 21/02/2018.

Contatos: abf@ufpa.br, abf2000@uol.com.br, www.abfurtado.com.br.

LANÇADOS EM DEZEMBRO/2018:

01) 2018: "*Elementos de Didática das Engenharias*"; ISBN: 978-85-455122-6-4; o livro apresenta elementos de Didática voltados para o desenvolvimento de habilidades e de competências exigidas nas profissões da área de Engenharia; além da aula expositiva, descreve dezenove outros métodos ou técnicas de ensino que o professor de disciplina de curso de graduação em Engenharia pode utilizar;

02) 2018: "*Elementos de Didática da Química*"; ISBN: 978-85-455122-7-1; o livro apresenta elementos de Didática voltados para o desenvolvimento de habilidades e de competências exigidas nas profissões da área de Química (bacharel e licenciado); além da aula expositiva, descreve dezenove outros métodos ou técnicas de ensino que o professor de Química pode utilizar;

03) 2018: "*Para Quem Gosta de Gerenciar*"; ISBN: 978-85-455122-8-8; o livro contém notas curtas que abordam tópicos de gerência (Habilidades do administrador, Força do capitalismo, Maquiavel e a mudança, Exemplos de persistência, Segredo da mestria, Quando Direito é prioridade, As fases de um projeto, A lei de Parkinson, Princípio de Pareto, Preço do pioneirismo, Como ficar rico?, Conceituando visão de futuro e 113 outras notas);

04) 2018: *"Mais Casos e Percepções de 2018"*; ISBN: 978-85-455122-9-5; o livro é uma continuação do livro "Casos e Percepções de um Professor" (publicado em 2016); contém crônicas escritas no segundo semestre de 2018;

LANÇADOS EM OUTUBRO/2018:

05) 2018: *"Elementos de Didática da Matemática"*; ISBN: 978-85-455122-3-3; o livro apresenta elementos de Didática voltados para o desenvolvimento de habilidades e de competências exigidas nas profissões da área de Matemática (bacharel e licenciado); além da aula expositiva, descreve vinte e um outros métodos ou técnicas de ensino que o professor de Matemática pode utilizar;

06) 2018: *"Elementos de Didática da Física"*; ISBN: 978-85-455122-4-0; o livro apresenta elementos de Didática voltados para o desenvolvimento de habilidades e de competências exigidas nas profissões da área de Física (bacharel e licenciado); além da aula expositiva, descreve dezenove outros métodos ou técnicas de ensino que o professor de Física pode utilizar;

07) 2018: *"Elementos de Didática das Ciências Naturais"*; ISBN: 978-85-455122-5-7; o livro apresenta elementos de Didática voltados para o desenvolvimento de habilidades e de competências exigidas na Licenciatura de Ciências Naturais; além da aula expositiva, descreve dezenove outros métodos ou técnicas de ensino que o professor de matemática pode utilizar;

LANÇADOS EM JULHO/2018:

08) 2018: *"Elementos de Didática da Computação"*; ISBN: 978-85-913473-8-4; o livro apresenta elementos de Didática voltados para o desenvolvimento de habilidades e de competências exigidas nas profissões da área de computação; além da aula expositiva, descreve dezenove outros métodos ou técnicas de ensino que o professor de computação pode utilizar;

09) 2018: *"Para Ensinar Melhor"*; ISBN: 978-85-455122-2-6; o livro contém notas curtas que abordam tópicos de didática, docência superior, experiência didática;

10) 2018: *"Outros Casos e Percepções"*; ISBN: 978-85-455122-0-2; o livro é uma continuação do livro "Casos e Percepções de um Professor", publicado em 2016; contém crônicas escritas em 2017;

11) 2018: *"Um Pouco da Minha Vida: Novos Casos e Percepções"*; ISBN: 978-85-455122-1-9; o livro é uma continuação do livro "Casos e Percepções de um Professor", publicado em 2016; contém crônicas escritas em 2018;

12) 2018: *"Empreender é a Questão"*; ISBN: 978-85-913473-9-1; o livro apresenta elementos para o empreendedorismo, abordando os principais conceitos de interesse de quem pretende empreender.

LIVROS LANÇADOS ENTRE 2017 E 2009:

13) 2017: *"Como Escrever Artigos Científicos, Dissertações e Teses"*; ISBN. 978-85-913473-7-7; o livro mostra como estruturar artigo acadêmico (seção a seção), dissertação ou tese, capítulo a capítulo; como evitar plágio; apresenta erros mais comuns de redação cometidos pelos estudantes;

14) 2017: *"Como Escrever Trabalhos de Conclusão de Curso (Graduação)"*; ISBN: 978-85-913473-7-7; o livro mostra como estruturar TCC, capítulo a capítulo; como evitar plágio; apresenta erros mais comuns de redação cometidos pelos estudantes;

15) 2017: Adilson O. Espírito Santo; Alfredo Braga Furtado; Ednilson Sergio R. Souza (org.). *"Modelagem na Educação Matemática e Científica: Práticas e Análises"*. Belém: Açaí, 2017; ISBN: 978-85-6158-108-4; contém artigos produzidos pelos participantes do Grupo de Estudos em Modelagem Matemática (GEMM do PPGECM do IEMCI da UFPA) em 2016;

16) 2016: "*Tópicos de Modelagem Matemática*" (com Manoel J. S. Neto); ISBN: 978-85-913473-4-6; contém tópicos constantes das teses dos autores;

17) 2016: "*Casos e Percepções de um Professor*" (livro de crônicas; contém casos engraçados ou que levam a aprendizagem para a vida; contém percepções do autor); ISBN: 978-85-913473-5-3;

18) 2015: "*Questões de Concursos Públicos para Analistas de Sistemas*"; ISBN: 978-85-913473-2-2; preparatório para concurso público – contém mais de 300 questões de concursos públicos, com respostas e comentários, sobre os assuntos que constam dos programas de concursos para analistas de sistemas (assuntos das questões: engenharia de software, bancos de dados, redes de computadores, etc.); a maior parte das mais de 300 questões que constam do livro foi elaborada por mim mesmo para concursos públicos reais, de cujas bancas elaboradoras participei nos últimos anos; a propósito, com a publicação do livro, decidi não mais participar destas bancas; além das questões próprias, incluí também umas poucas questões do Enade (Exame Nacional de Desempenho) realizado pelo INEP/MEC e do POS-COMP (Sociedade Brasileira de Computação);

19) 2015: "*A Volta da Tartaruga Sapeca*" (livro infantil); ISBN: 978-85-913473-3-9;

20) 2013: "*Curso de Construção de Algoritmos (com Java)*" (com Valmir Vasconcelos); ISBN: 978-85-913473-1-5; todos os algoritmos construídos ao longo do livro são codificados em Java;

21) 2012: "*A Tartaruga Sapeca*" (livro infantil): ISBN: 978-85-913473-0-8;

22) 2010: "*Prática de Análise e Projeto de Sistemas*" (com Júlio Valente da Costa Júnior); ISBN: 978-85-61586-15-7; apresenta, em 496 páginas, conteúdo básico sobre engenharia de software (com UML); no fim de cada capítulo, lista de exercícios (incluindo questões do Enade e do POSCOMP) com respostas.

23) 2009: "*Páginas Recolhidas: Política, Educação, Administração, Artigos, Valores, Crônicas e outros temas*"; ISBN: 978-85-61586-08-9; crônicas sobre vários assuntos são reunidas no livro.

AQUISIÇÃO DE EXEMPLARES DOS LIVROS ACIMA

Exemplares dos livros em formato pdf (com exceção do livro 15) podem ser comprados diretamente com o autor: contatos pelo e-mail abf@ufpa.br ou por meio do www.abfurtado.com.br (é preciso informar nome completo e CPF; estes dados constarão do rodapé das páginas do pdf).

PREÇOS

LIVROS DE DIDÁTICA: *exemplar a R$ 20 (vinte reais)*.

LIVROS INFANTIS: exemplar a *R$ 10 (dez reais)*.

DEMAIS LIVROS: *exemplar a R$ 15 (quinze reais)*.

OBS.: não comercializo o livro 15 da lista.

Para meu pai, Matheus (*in memoriam*)
Para minha mãe, Beatriz (*in memoriam*)
Para meus irmãos, Paulo, Matheus e Mariza
Para meus filhos, Alfredo André e Fernando Allan
Para ela.

Apresentação

Que se encontra neste livro? Resumidamente, posso dizer: pitadas de conhecimento, contextos dos quais se podem extrair conhecimento ou casos em que sobressaem situações engraçadas, com alguma perspectiva de conhecimento; ou ainda situações que me incomodaram em alguma medida, ou meros pensamentos, que eu não quis deixar sem registro.

É parte pequena do que compõe a vida de uma pessoa comum, alguns excertos do que vivi, vi, observei, e que considerei passível de registro por meio de uma nota concisa.

Vale o que escrevi em outros livros: como os tópicos são selecionados, como os assuntos são tratados? Não há um padrão. A rigor, o único critério é me chamar atenção. Seja pelo humor presente, seja pelo inusitado, seja por propiciar algum aprendizado, seja por possibilitar crítica de comportamento, seja pelo inesperado de alguma atitude, seja pela ilogicidade de condutas. Pronto! É suficiente para eu levar ao computador.

"Procuro exercitar a concisão nos textos. É idiossincrasia do nosso tempo que as coisas sejam breves. Sigo este lema. Por isso, os casos são contados sem palavras desnecessárias. Eu até poderia prolongar aqui e ali, antes do desenlace. Mas não me concedo esta liberdade para cumprir o propósito da brevidade. Na escrita, fujo dos clichês, tento (não sei se consigo) pôr umas pitadas de literatura, buscando construções pouco usuais".

"Em grande parte das vezes eu apenas proponho uma situação, sem extrair conclusões. Para que o leitor perscrute o sentido da nota, e daí tire suas conclusões".

Espero que haja algum proveito, algum deleite. Havendo um ou outro, ou ambos, terei minha paga. Maior que qualquer outra.

SUMÁRIO

ATRÁS DE EXPLICAÇÕES PARA A QUEDA

Fui encontrar em uma obra de Plutarco (historiador e filósofo grego, 46 d.C. -120 d.c.) os elementos para compreender como o ex-presidente Lula, de líder metalúrgico inconteste, criador de um partido político (Partido dos Trabalhadores), tendo alcançado o ápice com o cargo de presidente da República, teve a queda que o levou à cadeia por corrupção e lavagem de dinheiro, mentor do maior esquema de corrupção do mundo (o petrolão) e também do mensalão (apesar de não ter sido condenado neste último).

Sua condição de semianalfabeto exigia que o corpo de assessores fosse capaz, e estivesse sempre por perto para evitar alguma tomada de decisão precipitada, errada. Márcio Thomaz Bastos, advogado criminalista, seu advogado desde a época do sindicado, fez este papel mesmo no governo, quando ocupou o cargo de Ministro da Justiça (2003-2007).

Por exemplo, foi Bastos quem demoveu o ex-presidente de deportar o jornalista Larry Rohter, correspondente do jornal americano "The New York Times", por ter escrito artigo em que dizia que o excesso de álcool estava afetando o ex-presidente; Rohter comparou o hábito do ex-presidente de "tomar bebidas fortes" com o de outro ex-presidente, Jânio Quadros (1917-1991).

Na ocasião, cogitou-se a deportação do jornalista. Bastos convenceu o ex-presidente de que a ação não tinha amparo constitucional.

Ao deslumbramento com o cargo mais importante do país, somou-se o que costuma acontecer com alguém que atinge posição de destaque: o enxame de bajuladores de toda natureza, mesmo aqueles que tinham o dever de agir de modo diferente. Era o caso do Ministro das Relações Exteriores à época, Celso Amorim, diplomata de carreira, que, segundo o jornalista Elio Gaspari, se referia ao presidente como "Nosso Guia".

Não se poderia esperar que Lula se prevenisse quanto aos bajuladores com o tratado de Plutarco, cujo título é "Como distinguir um adulador de um amigo" – ele, reconhecidamente, pouco afeito à leitura (por lhe "causar azia").

Plutarco reconhecia a perniciosidade da figura do amigo que se traveste de adulador. Porém, ele também não via inocência na vítima do adulador (claro, é o adulado), ao não perceber os sinais da adulação para rechaçá-la, devido à fraqueza de caráter e à falta de virtude.

A nocividade do adulador aflora. Segundo Plutarco, ele está sempre pronto para realçar a fragilidade de caráter do adulado. De que forma ele faz isto? Não contrariando o adulado, não o alertando de perigos iminentes, de descuidos, de negligências ou de malfeitos que possa ter cometido, venha perpetrando ou pretenda levar a efeito.

Para não contrariar o amigo, o adulador acaba por anular as características mais valiosas da amizade – a alteridade (a visão de outra perspectiva – no caso, a visão do amigo) e a consciência respectiva.

O amigo agiria de maneira diferente: sua lealdade não permitiria o tolhimento de expor seu olhar crítico, por mais que trouxesse contrariedade. A amizade pressupõe lealdade, mas não admite servilismo; havendo subserviência, está aberto o caminho para a adulação.

Segundo Plutarco, o adulador ainda leva ao seguinte perigo: como ele tudo faz para agradar, e luta pela ocupação de espaços perante o adulado, leva a que os verdadeiros amigos – que poderiam protegê-lo – se afastem, incomodados.

A PERTINÊNCIA DO PRÊMIO IGNOBEL (I)

Todos sabem que o Prêmio Nobel (e não o IgNobel do título), dado anualmente a pessoas atuantes em seis áreas, é concedido por instituições suecas e norueguesas. A cerimônia de concessão do Nobel da Paz ocorre em Oslo, na Noruega; as demais premiações (Química, Literatura, Física, Medicina e Economia) ocorrem em Estocolmo, na Suécia.

O prêmio é concedido pela Fundação Nobel, criada por Alfred Nobel, inventor da dinamite. Desgostoso com a morte e a destruição que a sua invenção causava, Nobel decidiu criar uma premiação para pessoas ou instituições que se destacassem em suas áreas de atuação – seja por pesquisas, por descobertas realizadas no ano anterior ou por contribuições pelo conjunto da obra – que beneficiassem a humanidade. Ele deixou sua herança para a Fundação que administra a premiação. Desde 1901, o Prêmio Nobel é concedido.

A cerimônia de concessão ocorre no dia 10 de dezembro, data da morte de Alfred Nobel. O premiado recebe uma medalha de ouro, um diploma e uma importância em dinheiro (ultrapassa um milhão de dólares americanos).

O prêmio pode ser dividido por até três pessoas. Não há concessão de prêmios todos os anos, necessariamente, em todas as áreas; a maior frequência de premiação é o Nobel da Paz.

Comecei falando a respeito do Prêmio Nobel, para chegar ao seu contraponto: o Prêmio IgNobel, cuja concessão ocorre um mês antes do Nobel. O objetivo é destacar pesquisas bizarras, e rir delas. Os premiados, claro, não pensavam assim ao empreender seus feitos.

Continua adiante...

CRUZADA NECESSÁRIA

Caixas-pretas precisam ser abertas, onde as houver (não só no BNDES). Com déficit fiscal enorme (R$ 139 bi em 2019), pouquíssima margem para os investimentos necessários de que o país precisa, cortes de despesas precisam ser feitos. Há muito para, e com que, cortar.

Por exemplo, o país precisa de uma cruzada contra os privilégios, em todas as instâncias de governo e indo aos três poderes – Executivo, Legislativo, Judiciário – e ao Ministério Público.

Neste quesito, se o presidente eleito fizer em relação ao Executivo o que, por exemplo, João Dória pretende fazer no governo de São Paulo, os demais poderes ficarão tão isolados, tão incomodados, e, mesmo, serão tão acossados pela população que não lhes restará outra saída senão a adesão.

Fim aos privilégios, às mordomias das cortes federais, estaduais, municipais, de alto a baixo!

Alguém aí para calcular quanto isto representa do dinheiro dos pagadores de impostos que pode ter melhor destinação!

E nada de chamar "pagador de imposto" de "contribuinte". É para usar a expressão que cabe – pagador de imposto. Contribuição tem implícita a ideia de voluntariedade, que é o que não há no caso.

Eu não pago imposto voluntariamente, pois não me parece que o dinheiro será bem empregado. Sou obrigado a fazê-lo, então não aceito ser chamado de contribuinte. Respeitemos o sentido das palavras.

FALA O PRESIDENTE DO SENADO

A propósito do reajuste salarial do STF, tentando eximir-se da responsabilidade, o senador do MDB do Ceará, Eunício Oliveira, aliás, não reeleito (mesmo assim fez este favor aos ministros do STF, pensando nos seus inúmeros processos quando baterem no Tribunal um dia, já que perdeu o foro privilegiado):

– Eu só pauto.

E o país inteiro lhe pergunta:

– E por que pautas, puto?

TER MUITOS AMIGOS

No tratado intitulado "Acerca do número excessivo de amigos", Plutarco (historiador e filósofo grego, 46 d.C. -120 d.C.) vê como negativo dispor de número grande de amigos. Suas razões para semelhante avaliação? Quem pensa em desdobrar-se em atendimentos das demandas de tantos amigos não conseguirá manter relacionamento genuíno de amizade; a superficialidade vai prevalecer. Segundo Plutarco, serão relações irrelevantes, superficiais – que nada têm de amizade.

Plutarco diz que, em caso de possível desventura por que passe a pessoa com grande círculo de amigos, ela vai perceber que, no fim, não tem com quem contar pela fragilidade dos laços: escassas pessoas se sentirão comprometidas com ela no seu infortúnio; é como se houvesse debandada dos que constam da lista de pretensos amigos, por não se sentirem suficientemente envolvidos.

As relações das redes sociais têm este caráter – superficialidade, nenhum compromisso entre as partes. Nada justifica chamar de amigo alguém com quem você não convive na vida real, e o faz somente no plano abstrato das redes sociais. Falta palavra ainda para esta condição, pois "amigo" não é.

ÉTICA MÉDICA

A questão dos médicos cubanos esteve na pauta por esses dias, em vista das exigências do presidente eleito para manutenção da parceria com o governo ditatorial da Ilha de Cuba no programa "Mais Médicos". Apreciações a respeito agora dos médicos brasileiros estão sendo feitas.

No que toca a alguns destes formados no Brasil (nunca conversei com médico cubano), sem generalizar, considerando uma parte significativa dos com que interagi, percebi que esta parcela demonstrava ter tido pouco aproveitamento na disciplina "Ética Médica". Em livros anteriores da série "Casos e Percepções" (crônicas), eu relatei casos em que isto ficava patente.

QUESTÕES TRABALHISTAS

Quem mora em conjunto residencial ou em edifício passa por isso: assumir o condomínio no rodízio a que estão sujeitos os condôminos, às vezes. São raros os casos em que alguém procure o cargo por iniciativa própria. Não foi o meu caso. Fui indicado pela maioria dos moradores, sem ter interesse de ser síndico. Algo como uma convocação que me faziam. Aceitei a incumbência com missão específica: formalizar o condomínio como empresa, fazer os registros necessários, inclusive dos empregados. Quando concluísse este trabalho, consideraria meu mandato encerrado, e devolveria o cargo à Assembleia condominial. Passados já dois anos desde a aprovação da convenção, o condomínio ainda persistia na informalidade. Os síndicos indicados não tinham concluído esta etapa.

Tínhamos seis empregados: quatro porteiros e dois serventes. Um dos porteiros era mal-educado, arrogante, chegava atrasado ao trabalho, me pareceu que agia como se não tivesse receio de ser demitido. Enfim, eu o tinha como mau empregado por não respeitar as regras. Mas era sempre tolerado. As reincidências dos malfeitos sem nenhuma consequência para ele talvez o tenham levado a julgar-se inatingível.

Certa feita, ele levou para casa a arma de propriedade de um condômino que ficava na mão do porteiro, quando isto era permitido pela lei. Foi demitido em razão disso. Só que sem as providências prévias de repreensão, de suspensão, para que, no fim, desaguassem na rescisão contratual por justa causa. Providências não tomadas pelos síndicos anteriores.

Tempos depois, o condomínio recebe intimação para responder na Justiça do Trabalho: ele requeria indenização por conta de uma série de alegações. Nesta altura, eu era o síndico, e tive que responder a questão na Justiça do Trabalho. Na audiência, tentei negociar com o advogado que representava o ex-empregado. Eu o conhecia como colunista social de um dos jornais de Belém. Ele me respondeu agressivamente, rispidamente, que não tinha conversa: o condomínio tinha que pagar a indenização da forma como estava no processo.

Esta foi a primeira vez em que estive em um tribunal. Reconheço: despreparado para a defesa do condomínio que eu representava. Ficou-me um gosto acre na boca, pois conhecia bem o empregado e a justeza da demissão. Na saída do prédio do tribunal, carregava a pergunta: é aqui que se faz justiça?

Depois do episódio, concluí que os empregadores estão sujeitos a estas situações se não agirem de acordo com a lei. Antes de uma demissão por justa causa, tomar todas as cautelas constantes da lei, para não dar mínima chance para maus empregados conseguirem reparação na Justiça. Havendo situação para repreender um empregado, que seja feita formalmente, e devidamente arquivada na pasta dele. É vã a expectativa de que a Justiça prevaleça sem essas condicionantes estejam documentadas.

Felizmente, este tempo ficou para trás com a atualização da legislação trabalhista ocorrida em 2017.

Agora, com as mudanças trazidas pela lei 13.467/2017, que entraram em vigor em 11/11/2017, mais de 200 dispositivos da CLT foram alterados.

Para citar um exemplo: antes a lei não previa que o trabalhador pudesse pagar os honorários do advogado da parte vencedora, caso viesse a perder a ação; também não havia multa por má-fé, nem custas por faltar às audiências. Com a lei em vigor, se o trabalhador faltar a audiências ou perder a ação, terá de pagar custas do processo e ainda o valor devido ao advogado da empresa acionada. Se o juiz entender que o trabalhador agiu de má-fé, poderá ser determinado o pagamento de multa e indenização à empresa.

Este único aspecto da mudança da lei fez com que as queixas trabalhistas tivessem redução acentuada. Segundo levantamento feito pelo Tribunal Superior do Trabalho (TST), houve redução de 45% no número de reclamações trabalhistas no primeiro trimestre de 2018 comparado com mesmo período de 2017.

A redução do número de queixas é explicada pelo fato de ter ficado mais caro para o empregado iniciar o processo, e também mais incerto o resultado (se perder, ele vai ter que arcar com custas do processo).

A PERTINÊNCIA DO PRÊMIO IGNOBEL (II)

Com quem falei a respeito de sua pesquisa, o envolvimento era de tal ordem que o pesquisador defendia sempre seu trabalho como se estivesse "resolvendo o problema da humanidade". Um dos que me chamou a atenção passava o dia fazendo medições de testículos de boi; depois me pedia que, por software, fizesse uns cálculos; a cada semana as fórmulas e os dados de medições eram diferentes; não sei o que resultou de tal trabalho de pesquisa. Não encontrei nos rankings do Prêmio IgNobel. Talvez não fosse o caso mesmo.

A cerimônia de premiação do Prêmio IgNobel é realizada na Universidade Harvard. Não há categorias predeterminadas, como no Prêmio Nobel. Atribui-se a área a partir do assunto escolhido pelo pesquisador, o que conta é a bizarrice da pesquisa.

Vamos ver a seguir alguns prêmios concedidos a partir de 2009. É para rir mesmo do fato de a pessoa ter levado a sério tal pesquisa! Desfrutem!

Alguns destaques da premiação de 2009

Prêmio de Medicina Veterinária

Concedido a dois pesquisadores do Reino Unido: a pesquisa concluiu que vaca para a qual foi atribuído um nome e pelo qual ela é reconhecida dá mais leite que vaca que não tem essa identificação.

Meu comentário: dependendo do tamanho do rebanho, um crachá com o nome ou o apelido da vaca seria o primeiro passo para a amostra de vacas com nome; assim, o vaqueiro já conversava com cada animal desde a primeira coleta, pedindo para a fulana tal a teta para o extrator de leite. O fato de serem reconhecidas como gente implica aumento de quanto na produção diária de leite? Sem acesso ao texto da pesquisa, ficamos sem saber.

Prêmio de Medicina

Concedido a pesquisador dos Estados Unidos: a pesquisa examinou possível causa de artrite nos dedos; a hipótese de trabalho era saber se estalar o nó dos dedos causa artrite; o pesquisador estalou os nós dos dedos de sua mão esquerda todos os dias durante mais de 60 anos; naturalmente, não fazia isto na mão direita para ter o contraponto. A conclusão a que chegou após as seis décadas de duração do ensaio: estalar os nós dos dedos não causa artrite.

Continua adiante.

A NECESSÁRIA GESTÃO DO CONHECIMENTO

Os jornais de hoje (19/11/2018) dão conta que a Prefeitura de São Paulo não encontrou o projeto original do viaduto que cedeu na madrugada da quinta (15/11), e teve que recorrer à viúva do engenheiro encarregado pelo trabalho para obter informações. Este viaduto passa sobre os trilhos de uma linha da CPTM, e é rota de acesso à rodovia Castello Branco.

Não surpreende a perda, afinal as organizações não dão valor à gestão do conhecimento, como se não houvesse a chance de o projeto ser revisitado em caso de manutenção.

Participei de projeto para elaboração de manual de contingências em uma grande repartição estadual. Como os projetos utilizados na construção do prédio (hidráulico, elétrico, arquitetônico) não mais existiam, certas informações tiveram que ser obtidas com funcionários aposentados. Ainda bem que os que detinham o conhecimento necessário ainda não o haviam levado para o túmulo.

Quando os gestores se convencerão da importância do conhecimento para a continuidade da organização?

E o programa especial dirigido aos que saem da empresa para deixar explicitado o conhecimento e a vivência que adquiriram no exercício do cargo para auxílio dos que permanecem?

"RABO DE SINAL"

Às vezes, a pressa nos faz correr riscos. É o caso de querer aproveitar o chamado "rabo de sinal": passar o semáforo já na luz amarela, prestes a mudar para vermelho. Se outro apressado vier na outra direção com velocidade para aproveitar o sinal que já vai abrir para sua via, o risco é grande de batida.

Pior é quando o semáforo apresenta defeito: algo como algum descompasso como abrir para duas vias. Atenção redobrada para estes casos. De quem é a culpa se houver acidente?

Tive um caso destes. O curioso é que julguei que eu era o culpado, sem ter percebido que havia falha em dada situação no semáforo; então assumi pagar o prejuízo: passei meu cartão para o condutor do carro envolvido no choque, que eu presumia ter batidoi levemente.

Momentos depois, eu voltei pela mesma rua, e verifiquei que havia uma equipe da prefeitura fazendo reparo do citado semáforo.

Parei, e fui perguntar qual era o problema: exatamente o que eu suspeitava: eu e o outro motorista tínhamos obedecido ao semáforo. No caso, não cabia culpa a mim, nem a ele. Caberia à prefeitura o reparo dos carros.

Quando o motorista me procurou para pagar o reparo, eu lhe informei o que tinha acontecido. Forneci contato e identificação da equipe da prefeitura que havia feito o conserto momentos depois da batida. E disse-lhe que voltasse caso não se convencesse de que ambos não éramos culpados pelo acidente. Sugeri que cada um consertasse o seu carro; como os danos eram de pequena monta, nem cabia acionar a prefeitura. Ele não me procurou depois.

GESTÃO DE CARREIRA: DESLEIXO E AUTOBOICOTE

Colega professor pede licença de sua instituição de ensino superior (IES) instalada em um dos municípios do Pará para fazer mestrado em Belém, na UFPA. É autorizado. Faz o curso. Porém, o período de licença é encerrado sem que a defesa da dissertação fosse realizada. Ele teve que reassumir sua função na instituição de origem sem a defesa.

Enfrentando dificuldades pelo acúmulo de aulas com a finalização da dissertação, mesmo assim a concluiu. A defesa do mestrado foi marcada em Belém. Fez a defesa, mas a ata emitida no fim da sessão apontava que havia ajustes a fazer no texto aprovado.

Sem dar atenção para o fechamento necessário para fazer jus ao título de mestre, ele conseguiu inscrever-se logo em seguida em doutorado fora do estado. Por essa época amarga o peso de separação da mulher depois de bom tempo de união. Conseguiu nova liberação da instituição, já incorporando a gratificação do mestrado na remuneração com a ata da defesa da dissertação que anexou à sua solicitação; a ata apontava concessão do título de mestre, mas a condicionava à entrega de exemplar do texto com os ajustes pedidos pela banca examinadora.

Enquanto ele fazia os créditos do doutorado na IES fora do estado, a coordenação do curso de mestrado passou a cobrar-lhe a entrega do texto final, com os ajustes pedidos pela banca. Por falha de comunicação, ou por desleixo do professor, a solicitação não foi atendida. Por consequência, ficou registrado no colegiado do curso a não concessão do título em decorrência de os requisitos não terem sido cumpridos (no caso, a entrega da dissertação).

Pronta a tese de doutorado para a defesa, a universidade requisita que ele apresente o título de mestre; ele havia apresentado na inscrição do doutorado a ata que lhe havia sido entregue na defesa em Belém. A IES promotora do doutorado exigiu o diploma de mestre para marcar a defesa da tese.

Só então o professor vai atrás de pedir seu diploma. É informado que não fez jus ao título, pois não entregou o texto da dissertação em tempo hábil.

Por esse tempo, já sua própria instituição requeria que ele apresentasse o diploma de mestre, afinal já vinha recebendo a gratificação de mestre há anos, mas com esta pendência documental.

Como ele não atendia a cobrança feita pela pró-reitoria de pessoal, a procuradoria da instituição foi acionada para que o processasse por estelionato.

É possível que alguém se boicote de tal forma, a ponto de criar para si um problema insolúvel e que tem consequências graves (devolução de valores recebidos indevidamente, perda de tempo, processo de exoneração pelo conjunto das ações)?

Para explicar seu comportamento, ele recorreu à separação da mulher como algo que o deixou desorientado a tal ponto que fez com que ele se jogasse nas atividades do doutorado, e deixasse de lado a atenção à finalização do mestrado.

MORAL DA HISTÓRIA: Deve-se encerrar em definitivo uma etapa antes de começar a próxima; se foi possível dar o passo seguinte com algo por fazer para fechar o anterior, ficar atento e desdobrar-se até finalizar para, assim, poder concentrar-se na etapa em andamento com toda a força possível.

A PERTINÊNCIA DO PRÊMIO IGNOBEL (III)

Alguns destaques da premiação de 2009

Prêmio de Física

Três pesquisadores de três universidades americanas: o trabalho determinou as razões por que mulheres grávidas não caem.

Prêmio da Paz

Cinco pesquisadores suíços obtiveram o prêmio por analisarem se, em briga de bar, é pior ser atingido por uma garrafa de cerveja cheia ou vazia. A conclusão da pesquisa: a garrafa vazia causa mais danos ao crânio.

Meu comentário: é clara ironia atribuir justamente o prêmio da Paz a pesquisa acerca de briga, e mais: a desinteligência não é resolvida no braço desarmado, mas portando uma garrafa de cerveja. É o espírito da premiação.

Não temos acesso ao texto com os resultados da pesquisa para ver a metodologia empregada, os casos analisados, as evidências que levaram à conclusão de que um objeto mais leve (garrafa vazia) é mais contundente do que um mais pesado (garrafa cheia). Outros pontos: como eles mediram a força imprimida na batida, os casos de possível estilhaçamento da garrafa e seus efeitos (cortes, etc).

Alguns destaques da premiação de 2013

Prêmio de Química

Realizada por seis pesquisadores do Japão a descoberta de que o processo bioquímico que faz com que as cebolas provoquem lágrimas nas pessoas é mais complicado do que se acreditava.

Prêmio de Medicina

Realizada por equipe de sete pesquisadores do Japão, China e Reino Unido: a pesquisa consistiu em avaliar o efeito da audição de ópera em pacientes de transplante de coração – o inusitado é que os pacientes não eram humanos, mas ratos.

Meu comentário: talvez o próximo passo dessa instigante pesquisa fosse a aplicação para humanos. Seria curioso ver os resultados desta inutilidade. Afinal, os ratos transplantados são afetados mesmo por ópera? Uma ópera em particular? Qual é o comportamento dos ratos se ocorre mudança de "La Traviata" de Verdi para "Carmem" de Bizet? E se muda de "Carmem" para "A Flauta Mágica" de Mozart: qual é o efeito? E se de Mozart há volta a Verdi, agora "Aida"? O que acontece?

Continua adiante.

LANTERNA NA POPA

Esta nota é para comentar o livro de memórias de Roberto Campos. *"A Lanterna na Popa: Memórias"*. Rio de Janeiro: Topbooks, 1994, 1417p. Momento de voltar a um prazer tido em primeira mão há mais de vinte anos: renovado nestes últimos dias para a redação desta nota.

A espessura da obra justifica associá-la a um tijolo: são 1.417 páginas. No caso, me refiro a tijolo de cinco furos, bem grande. Depois da leitura do livro, eu o tenho utilizado como tal: em meu escritório, ele serve de sustentação para uma estante com as obras que estão na fila para serem lidas.

Jamais eu diria sobre o livro de Roberto Campos o que um leitor postou em uma livraria digital com sua impressão a respeito do livro de "Inteligência Artificial" de Russell & Norvig, clássico na área (1.152p), alertando potenciais interessados: a única utilidade é servir como âncora.

Pela obra, tem-se a essência da pessoa, tem-se sua estirpe. É o que se depreende da leitura do livro de Roberto Campos (1917-2001), economista, escritor, professor, diplomata e político brasileiro. Ele criou o BNDE (atual BNDES), o FGTS, o Sistema Financeiro da Habitação.

Grande defensor do liberalismo e da economia de mercado. Foi confidente e interlocutor de grandes líderes do mundo: John F. Kennedy (ex-presidente dos Estados Unidos), Charles De Gaulle (ex-primeiro-ministro da França), Richard Nixon (ex-presidente dos Estados Unidos), Konrad Adenauer (ex-chanceler da Alemanha), Margaret Thatcher (ex-primeiro-ministro do Reino Unido).

No fim do prefácio de sua obra, Campos escreveu o que pode ser uma síntese do Brasil, com a qual concordo:

– *"Há países naturalmente pobres mas vocacionalmente ricos. Há outros que têm riquezas naturais porém parecem ter vocação de pobreza. Às vezes fico pensando, com melancolia, que talvez estejamos neste último caso. Não nos faltam recursos naturais. Mas sua mobilização exige abandonarmos nossa grave e renitente tradição inflacionária, e um grau maior de abertura internacional. Nossa pobreza não pode ser vista como uma imposição da fatalidade. Parece antes uma pobreza consentida, resultante de mau gerenciamento e negligência na formação do capital humano".*

Roberto Campos distribuiu as mais de 1.400 páginas de seu livro de memórias em vinte capítulos (aparecem aspados), como listado abaixo com breve comentário:

1) "O analfabeto erudito e suas peripécias". Com este título, ele refere a si e aos episódios que vivenciou logo depois da desistência do seminário, buscando outro rumo para a vida. O analfabeto erudito era por conta de seus estudos seminarísticos não serem reconhecidos oficialmente. "Achava-me assim na situação de erudito informal e analfabeto legal". A carreira religiosa tinha ficado para trás. O ex-seminarista parte para a vida. Ano de 1938. Auge da repressão do governo Vargas.

2) "Washington na II Guerra Mundial".

Campos subdivide o segundo capítulo em nove partes:

a) *O dia da libertação* (em que conta a designação para servir na embaixada em Washington com três colegas de turma do Itamaraty; foi indicado para o setor comercial, apelidado de "secos e molhados" por trabalhar essencialmente com importação e exportação de produtos);

b) *Economista sob protesto* (ele passou das letras clássicas ao estudo de economia à noite, pelas exigências do trabalho no setor de "secos e molhados"; cursou em Washington e em Nova York depois do trabalho diário na embaixada);

c) *As controvérsias de Washington*: Campos afirma que o panorama intelectual, do ponto de vista econômico, era fascinante. Os Estados Unidos saíram de recaída recessiva em 1937/38, para se aproximar de pleno emprego, motivado pelos investimentos bélicos.

Ainda permanecia a controvérsia motivada pela última recessão – quem deveria prevalecer: os gastadores, os fiscalistas ou os estruturalistas? Os gastadores advogavam expansão monetária, por meio de obras públicas, assistência social e déficits fiscais para combater a recessão (os governos petistas tinham esta índole). Este grupo era representado pelo governador do Federal Reserve Board, Mariner Eccles, contrariando comportamento diferente esperado dos Bancos Centrais, que é a restrição de gastos. O secretário do Tesouro, Henry Morgenthau, era o grande fiscalista, defendendo a tese do equilíbrio orçamentário. Os estruturalistas eram representados por Rexford Tugwell, Gardner Means e Adolph Berle, advogavam planejamento econômico, controles e ação antitruste.

d) *Estreia na diplomacia econômica*: deu-se na segunda conferência da FAO – Organização de Alimentação e Agricultura, em Atlantic City.

e) *A conferência de Bretton Woods*: Campos participou da conferência, a despeito de ser terceiro-secretário de embaixada, realizada em New Hampshire, de 1º a 22 de julho de 1944, com a participação de representantes de 44 países; a delegação mais brilhante, segundo Campos, era a da Inglaterra: o *chairman* (presidente) era Lord Keynes, famoso pelo livro clássico, intitulado "A teoria geral do emprego, juros e moeda".

Ao longo de todo o livro, Roberto Campos conta piadas ou episódios engraçados ocorridos nos eventos de que participou. A respeito de Bretton Woods, ele conta que a conferência foi realizada em hotel bucólico neste vilarejo, situado nas montanhas de New Hampshire. O único participante a quem foi permitido levar a esposa foi Keynes, a bailarina russa Lydia Lopokova. Os demais participantes foram forçados a vida celibatária durante as três semanas do evento. A piada contada por Campos: esta organização da forma como se deu foi truque diabólico do presidente da delegação americana, o secretário do Tesouro, Henry Morgenthau, porque, depois de três semanas de fome sexual, os delegados assinariam qualquer documento para escapar logo da castidade. Segundo Campos, a castidade era compulsória pelas seguintes razões: havia racionamento de gasolina, os delegados foram de trem para Bretton Woods, e não tinham forma privada de se locomover para lugares mais alegres. Para finalizar, ele complementa: como Lord Keynes tinha reputação de homossexual, provavelmente Lopokova não interferiu para impedir o completo celibato da operação.

f) *De volta à rotina*: com o término da Conferência de Bretton Woods, depois de rápida viagem ao Canadá, em companhia da mulher, Campos volta a Washington para "a infernal rotina da embaixada".

g) *Uma vacinação de realismo*: a vacinação, referida por Campos, é a constatação de que a economia brasileira paralisaria sem os fornecimentos americanos; sua "experiência de mendicância nos departamentos de Washington" atrás de licença de produção e exportação de suprimentos atestava a dependência brasileira em relação a suprimentos externos.

h) *Interlúdio acadêmico*: Campos conta que estudou economia na Universidade George Washington, curso noturno, e fez a preparação de sua dissertação de mestrado em serões na biblioteca do Congresso. O título do trabalho: "Some inferences concerning the propagation of international fluctuations". No texto, ele examinou "mecanismos de propagação de ciclos de conjuntura", tanto no campo financeiro (por meio de variações das taxas de câmbio, taxas de juros e movimentos internacionais de capitais), quanto no campo comercial (por meio de flutuações expansivas ou recessivas no comércio de mercadorias). A dissertação foi aprovada *summa cum laude* (expressão latina que significa com o reconhecimento máximo, com a maior das honras).

Ele conta que no dia 12 de abril de 1945 estava no corredor do hospital, hipertenso, aguardando a conclusão do trabalho de parto de seu segundo filho, quando uma das enfermeiras, lacrimejante, lhe disse que tinha acontecido uma coisa terrível. O presidente Roosevelt tinha acabado de falecer. Campos reagiu, instintivamente, supondo que a mulher e a criança tivessem morrido:

– Ah, que alívio!

Ele concluiu assim: "as tragédias universais não concorrem com as tragédias domésticas".

i) *O espectador engajado*: Campos relata que foi espectador interessado da cena mundial durante a II Guerra Mundial, pela imprensa, pelo rádio e pelo cinema; ainda não havia televisão na época. Ele conta os antecedentes da conferência de cúpula de Yalta (fevereiro de 1945).

Ele conta que um dos assuntos da conferência foi o *welfare state* (estado assistencialista). Bismark, chanceler alemão, já tinha projetado um sistema assistencial para seu país em fins do século passado. A origem do programa de seguridade social do trabalhismo inglês foi um relatório escrito por William Beveridge ("Relatório Beveridge"), de novembro de 1942.

Piada contada por Campos: depois do jantar, degustando o conhaque de sobremesa, no palácio Livadia, em Yalta, Churchill (primeiro-ministro inglês), Roosevelt (presidente americano) e Stálin (primeiro-ministro da União Soviética) conversavam sobre *welfare state*.

Churchill disse que detestava os trabalhistas de seu país, mas tinha que reconhecer que a Inglaterra, por influência do *Labour Party*, tinha implantado o *welfare state*, com o qual os homens eram protegidos "from the cradle to the grave" (do berço ao túmulo).

Roosevelt retrucou que nos Estados Unidos, injustamente acusados de individualismo, o sistema de assistência tinha avançado ainda mais, pois a proteção se estendia "from the womb to the tomb" (do ventre ao túmulo).

Stálin, com acento de ironia, redarguiu que os países capitalistas jamais conseguiriam rivalizar com os soviéticos no quesito prestação de serviços sociais, pois a proteção se estendia "from the erection to the ressurrection" (da ereção à ressurreição).

Dizem que, mais tarde, Chiang-kai-chek (presidente da República da China), inquirido a respeito do assunto, disse que o sistema a ser exaltado era o que se planejava implantar na China, com o qual a proteção iria "from the sperm to the worm" (do esperma ao verme).

Espirituoso, Roberto Campos entremeou seu livro de memórias com anedotas como esta.

Em seguida, os demais capítulos do livro são listados sem comentários – o propósito de mostrar a riqueza de fatos presenciados por Campos, com relatos das pessoas influentes envolvidas, foi atingido, e o leitor pode ter despertado seu interesse de transpor as 1.417 páginas com a leitura da obra: 3) "Nos primórdios da ONU"; 4) "Voltando à origem"; 5) "Primeiras experiências de planejamento"; 6) "A criação do Banco Nacional do Desenvolvimento Econômico

(BNDE)"; 7) "Interlúdio na Califórnia"; 8) "O chapéu e a bengala"; 9) "Os anos de Juscelino"; 10) "Minhas experiências com Jânio Quadros"; 11) "Missão junto à Casa Branca"; 12) "O governo Castello Branco"; 13) "O grande desencontro"; 14) "Vinhetas da minha paisagem"; 15) "O diplomata herege"; 16) "Do outro lado da cerca"; 17) "Missão junto à corte de Saint James"; 18) "Os grandes homens que conheci"; 19) "Tornando-me um policrata"; 20) "Epílogo".

Comentário de Roberto Campos a respeito dos economistas com quem trabalhou:

– "Na minha juventude e nos anos maduros os economistas com quem mais convivi foram Eugênio Gudin, o pioneiro e o mais sábio; Octávio Gouveia de Bulhões, o mais criativo; Mário Henrique Simonsen, o de melhor instrumentação técnica; Delfim Netto, o de maior intuição política. Eu fui apenas o mais teimoso. Deles aprendi lições e com eles partilhei frustrações".

A autocrítica de seu trabalho:

– "Se tivesse de fazer uma autocrítica à luz das histórias que contei, diria que fui antes um pregador de ideias do que um operador eficaz, melhor na formulação que na articulação de políticas – possuído talvez demais da ´índole da controvérsia´, e, de menos, da ´capacidade de acomodação´ necessária ao exercício do poder".

Roberto Campos era irônico, mordaz (mais para cáustico), inteligente, crítico preciso nos seus comentários. Impiedoso com os regimes socialistas e com os que se opunham ao liberalismo. Pela forte ligação que tinha com os Estados Unidos, os adeptos da esquerda o apelidavam de "Bob Fields". Observem a mordacidade e a precisão com que definiu o PT:

– *"O PT é um partido de trabalhadores que não trabalham, estudantes que não estudam e intelectuais que não pensam".*

A respeito das esquerdas, ele disse:

– *"Nossas esquerdas não gostam dos pobres. Gostam mesmo é dos funcionários públicos. São estes que, gozando de estabilidade, fazem greves, votam no Lula, pagam contribuição para a CUT. Os pobres não fazem nada disso. São uns chatos".*

Vejam o que disse Campos de artistas e intelectuais, amantes da Lei Rouanet (de incentivo à cultura) e de caviar de boa procedência (pois não abrem mão que as ovas do esturjão selvagem sejam do Mar Cáspio, como preconizam a Rússia, o Irã, o Azerbaijão e o Cazaquistão, os maiores produtores):

– *"É divertidíssima a esquizofrenia de nossos artistas e intelectuais de esquerda: admiram o socialismo de Fidel Castro, mas adoram também três coisas que só o capitalismo sabe dar – bons cachês em moeda forte, ausência de censura e consumismo burguês. São os filhos de Marx numa transa adúltera com a Coca-Cola".*

Ele repetia estas frases com leve expressão de sorriso; não se concedia chegar à gargalhada; isto deixava para os circunstantes, o que acontecia com frequência.

INDO NA JUGULAR

Ele comenta que melhorou muito de situação depois que concluiu o mestrado há um ano. Tinha comprado carro novo, viajado, renovado a pintura da casa, etc.

Depois de reconhecer o valor da conquista, eu lhe perguntei:

– Já que melhorou bastante tua condição financeira, não achas que já deverias ter começado a ajudar tua mãe mensalmente, com alguma importância, pois sabes que ela vive de pensão irrisória?

A reprimenda deu resultado. No mês seguinte, ele passou a assumir parte dos suprimentos da casa.

UMA NOVIDADE EM CADA VEZ

Um aluno de um curso noturno me fez o elogio: nas nossas aulas, que ocorriam uma vez por semana, ele notou que não havia repetição na forma como a condução da aula era feita; a seguinte era sempre diferente da anterior; ele não sabia como o assunto do dia seria abordado antes que eu iniciasse. Meu esforço era no sentido de tornar a aula mais agradável, mais enriquecedora em termos de aprendizado, expondo conteúdo relevante, de modo que, na saída, o estudante avaliasse que valeu a pena comparecer.

Não se trata aqui do assunto a ser abordado, este era de conhecimento de todos, pois constava do plano da disciplina entregue na primeira aula; este plano continha o assunto de cada aula. Era a estratégia que seria empregada para abordar o assunto do dia. Além do que, ele disse, havia a preocupação de trazer conhecimento aplicável, útil, para o profissional da área, críticas fundamentadas, sem receio de sair da "zona de conforto" do assunto preestabelecido, como é o caso quando o conteúdo está todo amarrado em dezenas de slides que o professor vai comentar rapidamente.

A LUTA CONTRA O VÍCIO DO CIGARRO

Depois de várias tentativas de fazer com que membro da família abandonasse o vício do cigarro, chegamos à solução. Inscrição em curso com este objetivo em um hospital. O médico palestrante, após mencionar todas as implicações do fumo para a degradação da saúde, trouxe exemplares de pulmão de não viciado e de viciado. O participante do curso tinha a oportunidade de ver as consequências maléficas do cigarro.

Problema resolvido. O familiar não quis mais ver cigarro.

A PERTINÊNCIA DO PRÊMIO IGNOBEL (IV)

Continuamos com alguns destaques da premiação de 2013

Prêmio de Psicologia

Equipe de cinco pesquisadores representando França, EUA, Reino Unido, Holanda e Polônia: a pesquisa, baseada em experimentos, consistiu em confirmar que pessoas bêbedas também se acham mais atraentes.

Meu comentário: novamente a curiosidade fica desperta pela forma como foram selecionados os sujeitos da pesquisa? Entre os amigos bêbedos? E a ética na pesquisa? Como se identificou a característica da atração? O bêbedo não fica mais atirado, corajoso, e não necessariamente mais atraente?

Prêmio da Paz

Concedido ao presidente da Bielorússia: por tornar ilegal aplauso em público; em decorrência da aplicação da lei, o primeiro preso foi um homem de um braço só.

Meu comentário: para o aplauso não há necessidade de bater duas mãos? Como o homem com um braço só estava aplaudindo para ser incurso na penalidade da lei?

Continua adiante.

PELOS SÍMBOLOS EXTERIORES

Uns sete meses depois de contratado, o empregado passou a andar na última moda. Roupas e tênis de marcas só encontradas em lojas de alto padrão de luxo. Incompatível com o cargo simples que ocupava.

Outro empregado, ocupante de cargo de nível superior, comentou:

– Com o que ganho, eu não consigo comprar os produtos que fulano usa!

Um dos sócios, mais ligado ao empregado esbanjador, também achou estranho o comportamento: como o conhecia há bem mais tempo, viu que havia algo errado, já que ele não tinha outra ocupação para sustentar o luxo.

A gerente da empresa foi informada do caso para observar e tentar explicação.

Depois de dois meses, o caso foi esclarecido. Quando ele voltava do serviço de bancos, completava seu tempo como porteiro. À noite, fazia recebimentos de clientes da empresa, e ficava com o dinheiro. Como não era apanhado? Ele tinha acesso à sala da gerente, pegava o livro onde ela ticava os pagamentos, e dava baixa lá. Não acontecia, então, de alguém que tinha efetuado pagamento para ele ser cobrado pela gerente.

Em algum momento, certamente, quando os controles financeiros fossem apurados, os resultados se mostrariam inconsistentes e apareceria a fraude.

O empregado fraudador acabou sendo descoberto, a partir de comentário fortuito de outrem, com base em sinais exteriores de consumo incompatível com sua remuneração. Como a fraude foi comprovada? A gerente não mudou seus procedimentos. Visto que havia suspeita de fraude, ela passou a fazer cópia de seus registros no livro de controle. Daí, foi só comparar o que tinha deixado anotado no dia anterior, com o que o livro continha no dia seguinte. Apareciam registros que ela não tinha feito. Os clientes que tinham efetuado pagamento no dia anterior foram contatados para confirmá-los, atestando que o porteiro fez o recebimento, e se apropriou do dinheiro.

EXIGÊNCIAS DO EMPREGO

Loja especializada em venda de tênis de um dos shoppings de Belém exige que seus novos empregados utilizem as marcas da prateleira. Como são tênis caros, por volta de trezentos reais, assim, a empresa acaba por impor a empregados de salário mínimo uma exigência ilegal, arbitrária, fora de seu poder aquisitivo.

Para os empregados, eles concedem pequeno desconto. Ou que concedessem desconto substancial. Mesmo assim, ainda seria imposição descabida.

INDICAÇÃO PARA CALOURO DE COMPUTAÇÃO

Com dois filhos que escolheram cursar computação, recomendei desde o início como eles poderiam ter sucesso na área. Investir no aprendizado de programação, se possível antes de iniciar o curso superior.

Logo que se matricularam no curso de ciência da computação, sugeri que participassem de projeto social da faculdade para ministrar aulas básicas de informática. Outra coisa a recomendar: habituar-se a ler, para aumentar a aprendizagem e conseguir os benefícios decorrentes da leitura: melhorar a capacidade de compreensão e de redação.

TENSÃO DO ADVOGADO

Como perito da área de computação, participei da elaboração de laudos de inspeções realizadas em algumas empresas de Belém, que a Microsoft supunha utilizar seus produtos de software com cópias não autorizadas. O advogado que representava a grande produtora de software em Belém me contatava para me bsucar para a visita às empresas.

Ele ficava incomodado, pois tentava contato comigo e não conseguia porque eu não tinha celular. Ele disse que me daria um de presente, de modo que sempre conseguisse falar comigo quando precisasse. Eu lhe disse que não era médico parteiro, para dar este tipo de resposta. Meu trabalho não envolvia vida humana em risco para dispensar este tipo de atendimento. Portanto, ele que fizesse seu planejamento, e trabalhasse sua ansiedade.

PASPALHO PREGANDO NA LOTÉRICA

Em razão de sua fé, a pessoa sai à rua para fazer pregação onde encontre uma aglomeração. Louvável que utilize seu tempo livre desta forma. Há muitos que fazem isto, seja entrando em ônibus para pregar para os passageiros, seja nas praças ou onde haja aglomeração de pessoas.

Em fila em uma lotérica, eu fui obrigado a ouvir a longa pregação de um evangélico. Inflamando-se ainda mais com a passividade dos que estavam à fila, entendendo como aceitação do que dizia, ele passou a agredir a Igreja Católica, vociferando contra os "adoradores de imagem".

Até ali eu não me havia manifestado, mas, com as últimas palavras, me senti agredido como católico.

Então disse a ele: sou católico, não sou adorador de imagem nenhuma, utilizo uma foto de meus pais para melhor os trazer à lembrança, por isso a tenho em quadro na parede de casa, e esta é a forma como a Igreja Católica vê seus símbolos, suas imagens. Pedi que parasse de incomodar as pessoas que esperavam sua vez na fila; se havia quem aceitasse suas palavras, havia quem rejeitasse. Então, que ele procurasse algo para fazer, já que não tinha nada a fazer na lotérica.

REALIDADE PARALELA

Primeira frase da carta do ex-presidente Lula da cadeia para ser lida no lançamento de sua "candidatura presidencial":

– "O PT vive um dos melhores momentos da sua história".

Como não gargalhar da frase? A tal carta, não poderia começar de forma mais hilariante. O líder máximo na cadeia, outros processos em andamento, os ex-tesoureiros do partido todos na cadeia (Delúbio, Vaccari), o ex-ministro Antonio Palloci cumprindo pena de 12 anos, 2 meses e 20 dias (sentença do juiz Sérgio Moro confirmada pelo TRF-4 em 16/8/2017), Guido Mantega enrolado, o ex-ministro José Dirceu com 30 anos nas costas de cadeia.

Como reagir a esta primeira frase, senão com perplexidade? Palavras de um alienado? Existe outra realidade além da que vivemos aqui fora da cadeia?

Cabe perguntar: o que seria preciso acontecer para que o partido vivesse seu pior momento?

O que o ex-presidente vê que nós não conseguimos enxergar aqui de fora da cadeia?

TENTATIVA DE DEVOLUÇÃO

Certa feita, fiz uma compra de livros pelo Submarino. Por algum descontrole na expedição, me enviaram duas vezes os livros comprados. Fiz contato notificando o erro, solicitando que pegassem de volta os volumes que tinham enviado a mais.

Como o caso fugia ao procedimento usual, não consegui devolver depois de duas tentativas de contato com a matriz em São Paulo. Estiveram em casa três vezes para apanhar os livros (eram cinco exemplares), mas como eu havia colocado em uma caixa (em um só volume), não correspondia ao que estava na nota do terceirizado: exigiam que eu fizesse uma embalagem para cada (o empregado terceirizado se recusava a receber, pois tinha sido incumbido de apanhar cinco volumes).

Desisti da devolução: presenteei amigos com os exemplares duplicados.

PEDINDO VOTO DA CADEIA

Eduardo Cunha pediu voto para a filha, candidata a deputada federal pelo Rio de Janeiro. O folheto enviado pelo ex-deputado, em que apresentava a candidata aos seus eleitores, continha o pedido:

– Vote como se fosse em mim.

Por estar em Curitiba, preso pelas atividades ilícitas praticadas no exercício do mandato, pelo enriquecimento com o crime, não lhe ocorreu que nada o credenciava para o pedido de voto.

Eu me perguntei:

– Ele ainda acha que alguém vai votar nele ou em quem ele, da cela, indicar?

Eu mesmo respondo:

– A inteligência tem limites; a burrice, não. Haverá quem vote.

Houve. Exatos 13.424 foram à urna, e votaram nela. Mas, no cômputo geral, os eleitores do Rio de Janeiro não atenderam ao pedido do presidiário. O candidato eleito com menos votos obteve 24.295.

TERMINOU VESTINDO UM JUDAS

Já contei aqui que, em meu tempo de estudante, andei ganhando uns prêmios de destaque como melhor aluno. O convencimento de procurar ser sempre o primeiro começou no início do ginásio (corresponderia à sexta série do ensino fundamental de hoje). Vim nesta toada até o doutorado.

Estou fazendo uma síntese, olhando para trás a trilha percorrida.

A intenção nesta nota é complementar as informações a respeito de uma das premiações que obtive no curso técnico de Eletrotécnica, na antiga Escola Técnica Federal do Para (atual IFPA). Eu tinha que ir a Brasília, ao MEC, receber prêmio da Wolkswagen (importância em dinheiro e certificado), em cerimônia com a presença do ministro da Educação, Ney Braga, em 1974.

A diretora da Escola me chamou para saber se eu tinha terno completo para a cerimônia com o ministro em Brasília. Eu ri da pergunta e, claro, respondi que não. Ela incumbiu uma orientadora de me levar em uma loja de departamentos e, com dinheiro da caixa escolar, comprar terno completo e sapato para a cerimônia.

Situação confortável: eu poderia escolher o que quisesse, e não teria que pagar. Vejam quão modesto! A referência que eu tinha de terno na época não era Ermenegildo Zegna ou Dolce & Gabbana ou Armani ou Fioravanti Bespoke ou Stuart Hughes ou Desmond Merrion ou Hugo Boss; nem mesmo o terno nacional Ricardo Almeida. Era a marca que o apresentador Sílvio Santos usava: Camelo. Pois foi o que escolhi. A orientadora me ajudou a escolher gravata, camisa e cinto. Eu tinha ouvido que sapato social bom era o cromo alemão. Comprei um. Depois me arrependi desta compra.

A orientadora me elogiou pelas escolhas requintadas; talvez ela não tenha dito isto pela marca do terno, mas pela padronagem do tecido que escolhi e pelo sapato.

Em casa, olhando o cromo alemão, caro, fino, eu pensei: depois da cerimônia em Brasília, em que circunstância este sapato será usado novamente? Minha rua não tinha asfalto à época, o leito era de piçarra. Lembrei a piçarra encharcada pela chuva.

Decidi voltar à loja, sozinho, no dia seguinte: pedi que trocassem por dois que dessem o preço do sapato "made in Germany".

Por muitos anos, mantive o terno no meu guarda-roupa. Até me pedirem doação para vestir um judas para a garotada malhar na festa do sábado de aleluia no bairro da Cremação, em Belém.

QUEM DIRIA?

Retroceda dois ou três anos antes dos eventos que levaram ao fato, e responda: quem diria que Sarney seria presidente? E Collor? E Itamar Franco? Quem diria que FHC seria presidente? E Lula? E Dilma Rousseff? E Temer?

Para quem for o vencedor entre os dois do segundo turno de 2018, pode-se dizer também: quem diria que Jair Bolsonaro poderia ser presidente? Quem diria que Fernando Haddad poderia ser presidente?

Só mesmo neste Brasil varonil, mais dado à imprevisibilidade, alguém sem estofo presidencial chega lá.

A PERTINÊNCIA DO PRÊMIO IGNOBEL (V)

Alguns destaques da premiação de 2014

Prêmio de Física

Concedido a quatro pesquisadores japoneses: a pesquisa consistiu em medir a quantidade de atrito entre um sapato e uma casca de banana, e entre a casca de banana e o chão, quando a pessoa pisa em uma casca de banana no chão.

Prêmio de Neurociência

Seis pesquisadores chineses ganharam o prêmio por tentar entender o que acontece no cérebro das pessoas que veem a face de Jesus em uma fatia de torrada.

Prêmio de Biologia

Doze pesquisadores (russos?): o trabalho documentou que quando os cães defecam e urinam preferem alinhar o corpo com as linhas geomagnéticas norte-sul da Terra.

Meu comentário: seria interessante ver as razões que eles apresentaram para o fato de os cães terem orientação pelo polo terrestre. Em evento em que expusessem seu trabalho caberia fazer-lhes perguntas adicionais já que têm esta expertise: a razão de um cão, ao encontrar outro, procurar logo cheirar-lhe as partes? Ao urinar, por que uma pata segura o poste ou a parede onde despeja o excremento? Estão aí duas sugestões para os doze pesquisadores prosseguirem.

Continua adiante.

EDUCAÇÃO COMO ARMA?

Há uma frase creditada a Nelson Mandela (líder político sul-africano, 1918-2013), muito apreciada e repetida:

– A Educação é a arma mais poderosa que você pode usar para mudar o mundo.

Gosto da frase, sem apreciar a metáfora do líder: Educação não casa com arma. Arma remete à beligerância. É preciso escolher a palavra apropriada. Tudo o que se espera da Educação é que não tenha este caráter.

Concluindo: Educação não é arma coisa nenhuma. Ouso refinar a frase de Mandela: "a Educação é o instrumento mais poderoso que se pode usar para mudar o mundo".

BREJO GRANDE E A VACA SE APROXIMANDO

Percebe-se que "the cow went to the marsh" [*] quando, um convescote político marcado para conseguir apoio de partido aliado, em vez disso, o resultado é contrário, o evento tem o efeito de um comício do adversário.

Um espanto!

Não há dúvida mais para onde a vaca se encaminha.

O líder convidado, Cid Gomes (irmão do candidato do PDT, Ciro Gomes), ao fazer seu discurso, pede que o PT reconheça erros em suas administrações do país, é duramente criticado por isso, vaiado, sai disparando contra os líderes do partido que precisa urgentemente de adesões, pois tem que somar mais vinte milhões aos seus eleitores.

O disparo dado foi na forma de "hashtag" pronta para o candidato adversário usar: #LulaTaPresoBabaca.

[*] "Marsh" significa em inglês brejo, charco, pântano, paul.

POR QUE FALAMOS TÃO ALTO?

Em evento em família, em certo momento, me ocorreu a pergunta do título, incomodado pelo volume das falas à minha volta. Afinal, não estávamos em uma discoteca. Fiquei com o incômodo, sem externá-lo por saber que somos dados à expansividade. É assim com os sentimentos.

Observa-se bem isto em restaurantes quando famílias se reúnem nas datas especiais. O burburinho paira sobre o local, ninguém fica livre dele. Vozes altas, gargalhadas, palmas, choro, em alto volume e ininterrupto.

PETISTA NÃO ERRA

Cid Gomes, irmão do candidato presidencial do PDT, Ciro Gomes foi imprudente – levou à reunião com filiados do PT a proposta de que o partido reconhecesse erros cometidos. O objetivo da reunião era juntar as forças em torno do candidato de Fernando Haddad.

Só que deu tudo errado. A tabela-verdade da cartilha petista não prevê erro. Na ótica petista, o que as outras correntes admitem como erros irrefutáveis, não constituem erro se feito por prócer do partido. Só seria erro se cometido por membro de outro partido. Por conseguinte, não tendo havido erro, não há por que admitir nada.

PROVAVELMENTE HOUVE CRIME

O candidato do PT à presidência da República, Fernando Haddad, disse em entrevista ao Programa Conexão Repórter do SBT em 22/10/2018 que "provavelmente" houve crimes de corrupção cometidos por dirigentes petistas. O editorial do Estadão do dia 24/10/2018, acerca do que disse o candidato, foi duro a partir do título: "O deboche do preposto". Haddad é chamado no texto de preposto do presidiário Lula.

Pois o preposto disse que os crimes que "provavelmente" os dirigentes petistas cometeram foram dois: financiamento de caixa dois e enriquecimento ilícito.

Como o preposto pode falar em dois crimes somente? Lula e Antônio Palocci estão presos em Curitiba por corrupção passiva e lavagem de dinheiro; Palocci teve o confisco de US$ 10,2 milhões. José Dirceu, Delúbio Soares e José Genoíno foram condenados por corrupção ativa e formação de quadrilha. João Paulo Cunha foi condenado por corrupção passiva, peculato e lavagem de dinheiro. O tesoureiro João Vaccari Neto foi condenado por corrupção passiva.

A despeito de os tesoureiros estarem (ou terem estado) presos, José Dirceu com retorno garantido para a cadeia (talvez ainda hoje), Lula, o dono do partido, preso em Curitiba e com vários outros processos em andamento.

Isto tudo posto e provado, o candidato ainda se concede a dúvida do cometimento de crimes (corrupção, lavagem de dinheiro e outros) pelos dirigentes do PT.

Ele próprio "provavelmente" não acredita no que fala. Certamente sabe que a extensão do Código Penal que os dirigentes petistas infringiram é bem maior. Como a pessoa convive consigo sabendo que o que ela fala quem está à sua volta não dá crédito. Esta pessoa fica tentando entender por que ela age assim.

Ela não percebe que só faz afundar-se no descrédito, pois toma os outros como pessoas tontas, incapazes de fazer cognição simples?   (24/10/2018)

HADDAD NÃO VAI MAIS À CADEIA

Com o resultado do primeiro turno da eleição presidencial de 2018, com Bolsonaro bem à frente de Haddad, a campanha petista decidiu que o candidato "não é mais Lula". Até a cor vermelha do partido desapareceu da publicidade, agora com as cores do país, verde, amarelo e azul.

O pedido de Lula para que o candidato não mais o visite nas segundas-feiras para receber orientações é forma de preservar-se de possível derrota acachapante de Haddad.

Outros dizem que foi o incômodo com a atitude de Álvaro Dias (candidato do partido Podemos) no debate da Rede Globo em 4/10/2018: instado a fazer pergunta para Haddad, ele puxou do bolso envelope dizendo que continha sua pergunta para Lula, preso em Curitiba; ele pediu que Haddad fosse o emissário da pergunta ao real candidato petista.

Depois do debate, jornalistas perguntaram a Álvaro Dias o teor da pergunta; ele pedia que Lula informasse o matador de Celso Daniel, ex-prefeito de Santo André, morto em 2002, como também das dez testemunhas do caso que tiveram mesmo fim.

A GRANDIOSIDADE DA CHINA

O que retenho na memória de minha estada na China por duas semanas é a monumentalidade do país, seja em que parâmetro se quiser considerar.

País mais populoso – com 1,38 bilhão de habitantes (a Índia tem 1,27 bilhão; os Estados Unidos, 325 milhões; a Indonésia, 255 milhões; o Paquistão, 209 milhões; o Brasil é o sexto mais populoso, 207 milhões). É tarefa trabalhosa, puxada, dar alimentação para tanta gente. Por isso, dizem que o chinês come "tudo que se mexe". Do reino animal, então, eles não dispensam quase nada.

Em extensão territorial, a China divide com os Estados Unidos o terceiro lugar em extensão, com 9,5 milhões de Km^2, portanto um milhão de Km^2 maior que o Brasil (8,5 milhões de Km^2). O primeiro em extensão é a Rússia com 17 milhões de Km^2; depois vem o Canadá com 9,98 Km^2.

Quando o país iniciou a interligação entre as suas províncias com trem-bala em dezembro de 2012 foi para garantir a primazia também nesta área. A maior linha de trem-bala do mundo liga Pequim a Guangzhou; a distância entre as cidades é de 2,3 mil km; a viagem a 300 km/h leva oito horas (em trem convencional são 20 horas de viagem).

Em 24/10/2018, o país inaugurou a maior ponte marítima do mundo, a ponte Hong Kong-Zhuhai-Macau: um portento da engenharia de pontes, com estrutura de 55 km de comprimento.

E com relação à economia? A China ocupa o segundo lugar na medição do PIB (produto interno bruto), com 14 trilhões de dólares, quase três vezes maior que o do Japão (terceiro lugar), cujo PIB é de 5,1 trilhões de dólares. A distância para o primeiro lugar (Estados Unidos, PIB de 20,4 trilhões de dólares) já é pequena, algo para tirar em não mais que uma década.

Qual é o país detentor do maior percentual de Títulos do Tesouro dos Estados Unidos? Sim, a China. Com 18,7% dos títulos (algo como 1,16 trilhões de dólares), a China ultrapassou o Japão (que detém 17% dos títulos; algo como 1 trilhão de dólares).

Quer uma dica de viagem? Vá pra China! Mas não tome a expressão como quando usamos para mandar alguém que nos incomoda para longe. Vá, mesmo! Nem vou falar na Grande Muralha com seus mais de 21 mil km de extensão que, segundo alguns, é a única obra visível da Lua; há quem discorde da afirmação. Em todo caso, é mais uma das atrações chinesas.

Comentário para arrematar a nota: estou doido para voltar!
(25/10/2018)

COMO CLASSIFICAR?

As declarações insensatas e estapafúrdias de Eduardo Bolsonaro, deputado federal do PSL-SP, três meses atrás, a respeito do fechamento do Supremo Tribunal Federal com "um soldado e um cabo" tiveram efeito surpreendente de membros da corte.

A insensatez e a estapafurdice do deputado foi capaz de levar magistrados do STF a apontar até, notem o despropósito, "ataque à democracia". Não se pode imaginar um ministro do STF incapaz de avaliar tão comezinha questão. Mas não foi um só que teve semelhante posição: foram três.

Quando Lula, em mensagem telefônica interceptada, disse que o "STF estava acovardado", nenhum ministro deu um pio. Nada! Nem os mais falantes. Ficaram todos caladinhos. Como se não fosse com eles.

Às vezes, para certas situações, é melhor expressar sem deixar tão claro, falando pelo subentendido. É o caso. Como classificar o comportamento dos ministros? A que se deve tal?

A PERTINÊNCIA DO PRÊMIO IGNOBEL (VI)

Alguns destaques da premiação de 2015

Prêmio de Química

Uma dupla de pesquisadores recebeu o prêmio: a pesquisa consistiu em inventar uma receita química que "descozinha" parcialmente um ovo.

Meu comentário: qual a motivação para descozinhar se antes houve a intenção de cozinhar? Desistência? É verdade que o que caracteriza o Prêmio IgNobel é a inutilidade e a bizarrice das pesquisas: este é mais um exemplo que reforça o voluntarismo irrefletido presente nas pesquisas, em que a relevância não é avaliada devidamente.

Prêmio de Economia

Prêmio concedido à Polícia Metropolitana de Bangkok (Tailândia) por oferecer pagamento extra em dinheiro aos policiais que se recusarem a aceitar suborno.

Meu comentário: trata-se de dar suborno a alguém para que a pessoa não se disponha a receber suborno? Onde vamos parar se o suborno for bem maior que o valor adicional recebido pelo policial? No Brasil, o subornador já perguntaria quanto é o extra do policial, para ele cobrir o valor.

Prêmio de Matemática

Dois pesquisadores: o trabalho consistiu em, usando técnicas matemáticas, determinar se e em que condições Mulai Ismail, apelidado de "O Sanguinário", Imperador do Marrocos, conseguiu ser pai de 888 filhos, no período de 1697 a 1727.

Continua adiante.

MANIA COMUNISTA

Sempre que algo desagrada um comunista brasileiro, ele acha um jeito de relacionar o agente do desagrado com os Estados Unidos. A última é do governador reeleito do Maranhão, Flávio Dino, o mesmo que, quando eleito, prometeu que retiraria cinquenta cidades maranhenses da lista de piores IDHs do país; no fim do mandato dele, a lista permanecia inalterada; na campanha da reeleição, a mesma meta foi colocada no seu plano de governo.

Perguntado a respeito do assunto: como tinha feito tal promessa ao assumir o governo no primeiro mandato, por que o povo maranhense deveria acreditar que no segundo ele cumpriria o prometido? Ele respondeu que não tinha feito semelhante promessa, seria irresponsável quem dissesse isto, ele não é irresponsável, etc.

Só que o discurso da vitória se encontra disponível na internet, para desmentir o governador.

O agente de desagrado do comunista é o candidato Bolsonaro, à frente nas pesquisas do segundo turno (esta nota foi escrita em meados do segundo turno): para ele, o candidato do PSL é invenção americana para assumir o poder no Brasil, já que Michel Temer, o presidente que assumiu depois da saída de Dilma Rousseff, não conseguiu entregar tudo o que lhe foi exigido pelos Estados Unidos. Pode dar-se crédito a tal aleivosia?

ANTES DA CONCORDATA

Coisa curiosa. É perceptível quando um grupo empresarial sólido começa a desmoronar. Por meio de pequenas ações de seu cotidiano, cliente observador nota que a empresa encaminha-se para a bancarrota.

Sou assinante de uma revista semanal há mais de vinte anos. Já fizeram duas tentativas de me enviar carnês para renovação. Só que não conseguem entregar em tempo que permita o pagamento do primeiro boleto. Há mensagem expressa informando que o preço promocional só é válido se paga a primeira parcela, justo a que vem atrasada de um mês (portanto, já vencida). Mesmo atrasado não poderia ser pago com multa na agência bancária. Nenhuma forma de contato para acesso: nenhum e-mail, SAC inútil, nenhum acesso por telefone. O cliente não poder manifestar-se é o protocolo que eles determinaram. Protocolo burro! Acesso telefônico só com 0800 que não aceita ligação de celular. E agora? Não tem que falir uma empresa com esta administração?

O mesmo passei a perceber em um grupo empresarial, com cadeia de supermercados e loja de departamentos. Eu era cliente há mais de dez anos do grupo. Utilizava o cartão de crédito do próprio grupo para compras mensais no supermercado.

Certa vez, pedi à caixa que precisava de uma sacola plástica para reforçar a compra que levava, pois estava sem carro e tinha receio de que se rompesse na longa caminhada. A atendente disse que não poderia dar; havia orientação para usar uma só. Fiquei pasmo com a determinação, afinal eu era cliente de todos os dias.

Naquele momento, vi que não havia outro caminho senão a falência para o grupo de empresas se era assim que passariam a tratar cliente diário e de muitos anos desta forma. Uns seis meses depois o grupo empresarial pediu concordata; ainda permanece em recuperação.

FURA-BOFE

Na juventude não há quem não seja identificado por apelido pelos colegas, e não atribua aos outros. O fundo por trás da designação escolhida é com frequência a mordacidade em relação a algum comportamento passado ou a sobrevalorização de alguma característica pessoal, seja um nariz (grande), seja um par de orelhas enormes, seja por ficar muito acima ou muito abaixo da altura média, o mesmo em relação ao peso, ao cabelo, aos pelos.

O de um colega era "quase-lindo". Havia aí algum eufemismo, já que a beleza passou longe dele.

Outro, cujo pai havia sido vereador, era dos mais bem relacionados na vizinhança. Como político, seu pai gostava de casa repleta de convidados nas festas de aniversário.

Em vez de um só apelido este colega era chamado ora com um, ora com outro, e ora com um terceiro. Os três têm uma razão lógica para justificá-las. Algumas vezes ele era chamado de "fura-bofe"; outras vezes de "descanso-de-carroça"; outras vezes de "três-pernas".

SURPRESO COM O TEOR DE ALGUMA NOTA?

Já comentei que não faço ficção nestas notas. O que conto é um pouco da vida que vivi ou que passou próxima de mim e eu, atento, captei para o registro. É o mesmo espírito do que dizia Nelson Rodrigues: trata-se de reportar "a vida como ela é".

O escritor (menos ainda o cronista) não tem culpa se registra não somente exemplos edificantes, mas também misérias humanas e comportamentos abjetos, provenientes da escória da sociedade. Ora, um composto disso tudo é o que se encontra na vida.

A PALAVRA E SEU SIGNIFICADO

Prefeito de um município da microrregião do Boquira, na Bahia, inaugura quebra-molas. Com fita para o descerramento; o quebra-molas foi pintado com faixas em vermelho e amarelo. Acompanha o prefeito uma comitiva de funcionários municipais para o registro da foto oficial. Brinquei que talvez essa fosse a única obra realizada pelo prefeito em sua profícua administração.

Vamos apurar quanto recurso foi provisionado e quanto foi efetivamente gasto em tão significativa realização para o povo do município da Bahia de Rui Barbosa. Importa saber em quanto tempo tal portento da engenharia civil foi concretizado, material gasto, emprei-teira contratada, qualidade do projeto elaborado pela empreiteira, número de operários e engenheiros envolvidos, teste de validação da obra, prazo de garantia.

Depois de compartilhada a postagem da brincadeira, um dos fiscais da internet me contata, dizendo que a publicação que eu compartilhara era falsa. Em verdade, o prefeito inaugurara o asfal-tamento de três ruas. Ele me perguntava: como ficaria o prefeito com o meu gesto? Eu retruquei:

– E o que ele fazia sobre o quebra-molas com a fita de descer-ramento? Se não era o feito mais relevante a inaugurar, não foi in-sensata a escolha do local da foto para a posteridade? Não cabia a brincadeira?

E outro, ratificando as palavras do fiscal, disse que era "cruel-dade" o que eu tinha feito. Incomodado com a palavra, perguntei-lhe:

– É esta a palavra, mesmo? Falaste em "crueldade"?

Aí, pressionado, ele tentou explicar-se. Nessa tentativa, sem re-tirar a palavra contestada por mim, dentre outras coisas, falou que era uma espécie de "humor negro" o que eu tinha feito.

Eu perguntei

– Há pouco falaste em "crueldade". Agora, "humor negro".

Sem acusá-lo de nada, só esgrimindo com perguntas:

– É isto mesmo?

Encerrei o assunto assim: um fala em "difamação"; outro fala em "crueldade", em "humor negro". De que tratam? Uma foto de um prefeito e sua trupe sobre uma lombada, descerrando uma fita de inauguração, posando com sorrisos para o instantâneo.

Há relação das palavras aspadas com a descrição da foto?

DEMISSÃO DOIS DIAS ANTES DA ESTREIA NA COPA

Técnico demitido: Julen Lopetegui; assumiu: o ex-jogador Fernando Hierro. Lopetegui foi anunciado na terça (12/6) como técnico do Real Madrid para a próxima temporada. Ele acertou seu contrato sem informar a Federação espanhola, com quem tinha contrato até 2020 (três semanas antes seu contrato tinha sido renovado); ele avisou à Federação dez minutos antes que o anúncio fosse feito pelo Real Madrid.

O aspecto ético envolvido chamou-me a atenção no caso. Lopetegui arrependeu-se de seu comportamento. A demissão era inevitável. A meu ver, a Federação agiu bem, pois houve o anúncio de que ele sairia do cargo após a Copa, para assumir o clube sem aviso prévio à Federação.

Como ele tinha contrato até 2020, e recebeu convite, não deveria aceitar fazer nenhuma negociação antes da Copa. Depois, poderia tomar a decisão de seguir outro caminho.

Comportamento reprovável do técnico. Pagou caro pelas suas ações. O caso mostra que não há limite para a burrice.

GRITARIA INCÔMODA

Não consigo ver programas de apresentadores como Faustão, que falam gritando (ou gritam falando). No caso de Faustão, ainda por cima, ele acha de sobrepor a voz de cantores e cantoras, com elogios.

Lembro ocasião em que Lulu Santos, que esperava nos camarins sua entrada no palco, foi informado que a apresentação seria cancelada por falta de tempo, pois a atração anterior estava rendendo audiência; nesse caso, ela é mantida enquanto isso ocorrer. Lulu Santos foi informado que iria ao ar só na semana seguinte. Revoltado, ele disse que não voltaria mais. E teve a chance de dizer em entrevista que era falta de consideração, pois tinha esperado muito tempo, inutilmente. E aí disse o que muitos tinham vontade de falar: ainda mais, o apresentador era mal-educado e insensível por ficar gritando enquanto ele cantava.

BRASIL X SUÍÇA (17/6/2018): FOMOS ROUBADOS!

De nada adiantou a instituição do árbitro de vídeo pela FIFA para a Copa da Rússia. O time do Brasil foi claramente prejudicado pelo árbitro mexicano. Em duas situações pelo menos, a posição do árbitro de recusar ver o vídeo por alegada certeza a respeito do lance. No caso do gol suíço vê-se que o atacante empurra o zaguei-ro brasileiro antes de cabecear. Engraçado que o técnico suíço dis-se depois do jogo que não houve irregularidade: o gol tinha aconte-cido por falha de posicionamento dos jogadores brasileiros. Ele na-da falou do empurrão dado pelo suíço no zagueiro Miranda. Não houve a falha apontada. Após o jogo o atacante suíço disse que não empurrou, mas o vídeo não consegue mentir.

A Suíça fez 19 faltas no jogo; Neymar sofreu 10. Por estes nú-meros, alguém foi caçado em campo. Este número é o dobro do que Messi (Argentina) e Ronaldo (Portugal) tiveram em seus jogos da primeira rodada.

Quando Neymar recebia a bola, enfileiravam-se logo dois ou três jogadores suíços; se ele passasse por um, havia mais um ou dois para fazer falta; visivelmente o objetivo era interromper o jogo. Há quem defenda a deslealdade no futebol; é difícil acabar com ela com o comportamento leniente dos árbitros. Há que considerar, porém, em favor dos árbitros, que, às vezes, a postura dos jogado-res vem combinada dos vestiários: aquele encarregado de parar as jogadas quando o principal jogador adversário pegar a bola troca a função com outro, de modo que o árbitro não possa atribuir-lhe car-tão amarelo ou vermelho pelas seguidas faltas: há rodízio nessa função.

Este jogo mostrou que ainda não é com as mudanças feitas pela FIFA neste mundial que o futebol vai livrar-se do possível juiz ladrão. Se ele entrar em campo com um resultado acertado, basta fazer como o árbitro mexicano, não pedir auxílio do olhar do VAR (*Video Assistant Referee*), e ficar só com seus olhos, dispensando os das câmeras. Pronto! O resultado está confirmado.

A PERTINÊNCIA DO PRÊMIO IGNOBEL (VII)

Alguns destaques da premiação de 2015

Prêmio de Biologia

A equipe de pesquisa foi constituída de cinco pesquisadores. A pesquisa consistiu em observar que, quando se prende um bastão de peso determinado no rabo de um frango, ele passa a caminhar de maneira semelhante à forma como se presume que os dinossauros caminhavam.

Prêmio de Fisiologia e de Entomologia

Um dos pesquisadores de sobrenome Schmidt criou o "índice Schmidt de dor em ferroadas"; este índice classifica a dor que as pessoas sentem quando picadas por vários insetos. O pesquisador de sobrenome Smith serviu de cobaia em seus próprios ensaios para determinar, dentre 25 locais de seu corpo, quais os menos e os mais dolorosos quando picados por abelhas. Smith utilizou o índice Schmidt para classificar a dor das ferroadas. Ele concluiu que as ferroadas no crânio, na extremidade do dedo médio e na parte superior do braço são as menos dolorosas; as ferroadas mais dolorosas são as dadas na narina, no lábio superior e no pênis.

Continua adiante.

RENOVAÇÃO DE IDEIAS

Vendo as homilias de um padre, famoso, a fama advinda de ser cantor, observei que ele se volta às mesmas ideias depois de comentar algo do Evangelho do dia. Aí repassa aquele rol de ideias fixas.

Talvez seja imposição de agenda carregada o que o impede de renovar seu discurso.

Não há como não se pôr a par de novas ideias. Deixar no passado as velhas, ou não recorrer a elas com tanta frequência, que denote limitação de repertório. Para manter-se no cume do sucesso.

BELEZA PARA VENDER

Como são belos os filmes de anúncios de produtos alimentícios nos intervalos dos jogos da Copa! O que vale menos, claro, é a qualidade alimentar do produto. Não precisa ter. Tomemos o caso dos embutidos: um dos produtos mais maléficos à saúde, pela quantidade de sal e de conservantes que carregam.

Já encontrei em algum lugar a informação da medida da maleficência da salsicha, por exemplo: alguém dizia que cada unidade comida representa um dia a menos de vida do consumidor. Assim como não lembro a fonte, também não sei como se chegou a este cálculo. Pode ser tudo falso.

Na Nutrologia, o que vale como verdade científica por um tempo pode ser negado em seguida. Como quando foi publicada a notícia, baseada em pesquisa, de que a ingestão de picanha engordurada era maléfica. Investigações recentes contrariam os dados anteriores se a ingestão ficar em 35%. Que pena! Quanto desfrute não realizado por quem gosta da picanha, e deixou de comer com medo do problema coronariano!

Da mesma forma como é falsa a mensagem subliminar contida no bonito e benfeito filme do anúncio que faz parecer que não há mal nos embutidos.

BRASIL X COSTA RICA: VITÓRIA NOS ACRÉSCIMOS

O futebol tem seus mistérios. São tantas as variáveis envolvidas que não se pode prever nada, principalmente como o jogo se dá hoje: preparo físico, correria, sem tempo para conceber a jogada, pois o adversário chega para bloquear a passagem. O Brasil com tantos atacantes só chutou a gol depois de quarenta minutos no primeiro tempo. Com as substituições no segundo tempo, a equipe ficou melhor. O goleiro da Costa Rica esteve por ser vazado mais vezes.

O resultado do jogo demonstra que o ritmo é intenso até o fim. Quem estiver bem preparado leva vantagem.

Dos jogadores brasileiros, a defesa está sólida. Os laterais não estão bem (Marcelo surpreende com muitos passes errados). O meio de campo ainda pode melhorar. Do ataque, só Philippe Coutinho tem jogado bem. Neymar, claramente, fora de ritmo de jogo, não conseguindo ganhar as disputas em que tenha que imprimir velocidade; os adversários, mais ágeis, têm levado vantagem.

MAIS UM POUCO DE LUZ NOS 7 A 1

A derrota do time do Brasil para o da Alemanha na semifinal da Copa de 2014 vai ficar marcada como uma humilhação difícil de ser apagada pelo futebol brasileiro. Mais luzes sobre este jogo de resultado incomum precisam ser lançadas. Já se passaram quatro anos do evento. Distância suficiente para análise mais fina.

Na época, pouco depois do jogo, tentando encontrar justificativas para o resultado, lembrei o jogo anterior ao com a Alemanha, em que o zagueiro Thiago Silva recebeu cartão amarelo por parar jogada no meio campo contra a Colômbia. O cartão determinou a entrada no time do zagueiro Dante, que jogava no Bayern de Munique. Não é o caso de culpar um só jogador pela derrota, mas tudo começou por ali nos três gols iniciais. Nas costas do lateral Marcelo, em lances seguidos, os zagueiros Dante e David Luiz não conseguiam interceptar o ataque alemão.

Por que estou rememorando isto? Li um comentarista de futebol (jornal e tevê) em texto recente falar exatamente isto: apontar o cartão amarelo de Thiago Silva, que o tirou do jogo, como determinante para a derrota humilhante. São muitas as variáveis que poderiam ser listadas como responsáveis pelo resultado. A lembrança me ocorreu só por alguém ter ido ao mesmo ponto que eu tinha indicado, calado, em autorreflexão, depois do jogo, como principal causa da eliminação em condição insultuosa. E este ponto não esteve no jogo em Belo Horizonte: foi fato do jogo anterior.

Já comentei aqui como se dá a tessitura da vida: não permite que saibamos como seria o resultado se um fato específico não tivesse ocorrido. Alguém pode aduzir que, se estivesse no jogo, o zagueiro Thiago Silva poderia, quem sabe, até ter tido desempenho pior que o de Dante. Que posso dizer? Nada, pois é verdade!

COREIA DO SUL X ALEMANHA: 2 X 0

Vendo o resultado final do jogo de hoje 27/6/2018, depois da odisseia que foi a última partida do time da Alemanha (venceu a Suécia por 2 x 1, com gol nos acréscimos) – parecia que iria ressuscitar de vez em direção ao título na Copa da Rússia como era expectativa de todos os alemães – lembrei frases de Wanderley Luxemburgo, úteis para explicar vexames no futebol (veja abaixo). Na época em que as pronunciou ele era técnico do time do Brasil nas eliminatórias para a Copa de 2002 (realizada na Coreia do Sul e Japão), e o Brasil havia perdido fora de casa para o Chile por 3 a 0. Logo depois ele foi demitido do cargo.

As frases de Luxemburgo explicam também a eliminação da disputa do ouro na Olimpíada de Atlanta: o Brasil (treinado por Zagallo) foi eliminado pela Nigéria, em vexame comparável aos 7 a 1 para a Alemanha na Copa do Brasil. Lembrando que no time do Brasil jogavam na Olimpíada Ronaldo, Bebeto, Dida, Rivaldo, Aldair, Roberto Carlos; na Nigéria, Kanu e Okocha. O Brasil vencia por 3 a 1 até os 33 min do segundo tempo; a Nigéria empatou, e a partida foi para o "Golden goal" ("morte súbita"), feito por Kanu; resultado final: 4 a 3 para a Nigéria.

Primeira frase: "não existe mais bobo no futebol"; segunda: "este é o melhor time do Chile de todos os tempos".

Para validar as duas frases do "pofessor" (sic: não corrige Word! É assim mesmo que ele pronuncia!), substitua Chile por Nigéria, por Coreia do Sul, e está tudo certo.

ORGANIZAÇÃO ALEMÃ

Vejam como são as coisas: quando o time da Alemanha ganhou a Copa do Mundo no Brasil, houve quem dissesse (cito jornalistas, comentaristas) que tudo era resultado do primoroso planejamento alemão: eles já estavam garantidos com a formação de várias gerações de bons jogadores, até pelo menos 2030.

Não passou da primeira fase este ano; duas derrotas em três jogos; ficou em último lugar em seu grupo.

Vale para a administração de modo geral: a disponibilidade de recursos e o planejamento não são suficientes sem capital humano. E no esporte então! Foi o que faltou à esquadra alemã na Rússia.

GARGALHANDO DO POVO IMPOTENTE

Brilhante a capa da "Revista Veja" desta semana (ed. 2589, de 04/7/2018)! Nela aparece Gilmar Mendes, ministro do STF, gargalhando, olhos fechados, cabeça voltada para o teto, por isso sobressaem dentes, suas obturações e até o palato, em tomada meio indiscreta. Por aí se vê que há necessidade, não só da remoção de tártaro, como de tratamento gengival na arcada superior.

Quando recebi a revista impressa, me chamou a atenção algo que não tinha observado na versão digital: a espessa camada de adiposidade que vai de orelha a orelha, delimitada pelo queixo e pelo pescoço. Em posição normal da cabeça não é perceptível este extrato adiposo. A legenda é "Dirceu solto.".

Olhando a foto, e dado o ângulo da tomada que possibilita esta rápida avaliação dentística, passando pela gengiva ministerial, a curiosidade fica aguçada. De que gargalha o ministro? Ou: de quem gargalha o ministro? Por ter conseguido soltar Dirceu mais uma vez?

A semana do ministro não passa sem que ele solte um bandido de alto coturno: alguém prende, ele solta; alguém prende de novo o corrupto, ele não esmorece: solta de novo. Ele se alinha entre os juízes garantistas: aqueles que buscam assegurar o que está na Constituição, estritamente. Como consta que a prisão só ocorra se a sentença tiver transitado em julgado (sentença a que não se pode mais recorrer), ele libera o preso, mesmo se já condenado em segunda instância, pois há ainda possibilidade de recurso na instância seguinte. Nos Estados Unidos, há casos em que o condenado já vai para a cadeia depois da primeira instância; o mais comum, porém, é que isto ocorra depois da segunda instância.

Cinco ministros compõem a segunda turma do STF, três dos quais são o "trio parada dura", que é como o jornalista José Nêumanne (O Estado de S. Paulo) refere-se ao grupo formado por Gilmar Mendes, Ricardo Lewandowski e Dias Toffoli. Como os três defendem os mesmos princípios, garantem maioria na votação; por isso, essa turma é chamada de "Jardim do Éden", por soltar tantos celerados. Se o processo for para eles, o gatuno encontrou seu paraíso. A primeira turma vai em direção oposta; é chamada de "Câmara de gás" – sem chance para os facínoras.

Voltando à capa: li a revista atrás de saber a razão da gargalhada. Fica só a legenda como uma pista. Nenhuma referência à foto: o texto comenta a preferência de Gilmar Mendes pela soltura de presos, em especial os de "colarinho branco". Mas fica nisso. O editor deixa para o leitor tirar sua conclusão. Se alguém disser que é do povo brasileiro por não conseguir fazer nada contra ele talvez não esteja longe da verdade.

VIDÊNCIAS FURADAS

Como leio tudo que encontro pela frente, outro dia, vi menção a um tratamento que consistia em "transplante de fezes"; claro, fui atrás de ver que m* era essa, e trouxe o assunto para cá depois de entendê-lo. Desta feita, quero comentar que vi na rede há um ano e meio, mais ou menos, referência a um vidente que havia previsto a queda do avião em que viajava a equipe de futebol da Chapecoense. Fui atrás de mais detalhes. Não há como acreditar que alguém tenha essa capacidade: é contra a lógica; no meu caso, inclusive, contra minha crença.

Tratava-se de um sujeito simplório, analfabeto, que, por conta de suas vidências (presumo que com o que ganha com os atendimentos), mantinha projeto social em sua cidade natal, dando alimento para pessoas carentes. Ele é conhecido como Carlinhos Vidente.

Quais as previsões que ele fez nesta entrevista? Temer não iria até o fim do mandato: não seria deposto, ele renunciaria. Durante o caso JBS, li que o presidente cogitou renunciar, mas resistiu. Claro, ainda pode renunciar, mas parece que está amarrado à cadeira presidencial. Ainda há tempo para se confirmar a vidência, porém.

Com relação ao ex-presidente Lula? Ele disse que haveria uma de duas coisas: o ex-presidente fugiria do país; neste caso, seus filhos seriam presos; se o ex-presidente fosse preso, seus filhos fugiriam. O ex-presidente já está há quase 100 dias na cadeia; os filhos não fugiram. Pelo que disse me pareceu que Carlinhos achava que alguém poderia ser preso no lugar de outro o que, convenhamos, é um absurdo; se o ex-presidente fugisse, prenderiam seus filhos no lugar. Não ficou claro este ponto para mim.

Ele disse que o próximo presidente será Álvaro Dias, senador do Paraná (Partido: Podemos), que ocupa as últimas posições nas pesquisas. Será?

E o que aconteceria com Neymar na Rússia? Ele disse que não conseguia ver o craque na Copa.

Quando Neymar se contundiu no PSG, achei que o Carlinhos acertaria, e o Brasil não teria o jogador na Rússia. Nada! Neymar está recuperando sua melhor forma; está na disputa das quartas de final quando redijo esta nota!

Quem seria o campeão da Copa da Rússia? Aqui ele foi assertivo, taxativo. Não teria nada para o Brasil. O time da Alemanha seria campeão novamente.

No fim da entrevista, ele previu sua própria morte. Falou que estava com câncer, e que não teria muito tempo de vida.

Posso agora brincar com o vidente, apesar de não saber se ele acertou sua autoprevisão (está vivo?): a Alemanha não passou da primeira fase, Carlinhos!!! Você errou!!!

Aliás, dos oito que passaram para as quartas, da forma como o futebol é jogado hoje, não se pode afirmar quem será o campeão.

ELEIÇÕES DE 2018 NO BRASIL

O panorama das eleições de 2018 no Brasil, pelo menos com o que se vê no início de julho, é assombroso: na liderança das intenções de voto candidatos com forte compromisso com o atraso. As ideias de vanguarda que defendem datam pelo menos da metade do século passado, ali por 1950.

O país está parado diante de um abismo. Não cresce, não sai do lugar. Milhões de desempregados. Economia que não cresce.

Lembremo-nos que quem o administrava antes do presidente atual via o abismo à frente, mas, em vez de reduzir a velocidade para avaliar, para redirecionar, pedia que acelerassem mais – perdeu apoio político e, por isso, foi deposta. O presidente atual sabe o que o espera em janeiro, com a perda do foro por prerrogativa de função.

E o que querem os candidatos que estão na liderança? Estão loucos para dar um passo à frente.

A situação é de tal sorte maluca que até presidiário quer eleger-se para dirigir o país da cadeia.

Dos 193 países registrados na ONU, em qual outro uma maluquice desta seria ao menos aventada?

É o caso de cantar, em uníssono, a música de Sílvio Brito: "Tá todo mundo louco! Oba! Tá todo mundo louco! Oba!".

ESTREITEZA DE LINGUAGEM

Para justificar por que estava encaminhando documentos de uma senhorita, o professor expressa-se assim:

– Eu e ela somos assim como fulano e sicrana.

O que ele queria dizer é que eram marido e mulher; ou que formavam um casal, por isso ele a estava representando. O registro é pelo impacto por constatar a limitação de alguém com títulos acadêmicos de pós-graduação em terceiro nível para comunicar-se oralmente.

A MALDIÇÃO DO CARTÃO AMARELO

Em mais uma Copa, jogador importante do time titular recebeu cartão amarelo; isto o impediu de participar das quartas de final. Quem entra não se sai bem. Com isto, mais uma eliminação prematura.

Aconteceu em 2014 com Thiago Silva no jogo contra o time da Colômbia; o zagueiro Dante o substituiu na semifinal contra a Alemanha. E o resultado foi a goleada de 7 a 1 para a Alemanha. Agora, Casemiro não pôde jogar contra a Bélgica; foi substituído por Fernandinho, que teve desempenho comprometedor. Brasil eliminado. E olhem as dificuldades que o time da Bélgica teve contra o Japão! Não era time que metesse medo.

LEMBRANDO LUXEMBURGO

É oportuno lembrar as justificativas de Wanderley Luxemburgo para a derrota (elas sempre cabem), lembradas por mim em uma das notas passadas. Ele era treinador da seleção brasileira nas eliminatórias para a Copa de 2002: o Brasil havia perdido fora de casa para o Chile por 3 a 0.

Suas justificativas para ter perdido (já ajustando para a derrota de ontem):

1) "Não existe mais bobo no futebol";

2) "Esta é a melhor seleção da Bélgica de todos os tempos".

TÉCNICA ESCOLHIDA: AULA EXPOSITIVA

Em meu livro "Elementos de Didática da Computação", listo vinte métodos ou técnicas de ensino que o professor pode adotar para dar conta do conteúdo que precisa ministrar para seus alunos, incluindo a aula expositiva. Mas, certamente, a fixação de grande parte dos professores é pela aula tradicional, de forma parecida com a que Sócrates fazia por volta de 399 a. C., no que se convencionou chamar de "didática difusa", em que a intuição determinava a ação didática.

Cunha (1989) [1] relata pesquisa rigorosa que fez para determinar o que distingue um docente com base no seu trabalho para que seja considerado bom por seus pares, pelos seus alunos e mesmo por quem não tenha contato direto com o ensino.

São quase trinta anos passados da publicação da pesquisa. Não tenho ciência de atualização desses dados, mas, para o ponto que quero destacar, informalmente posso afirmar que os dados continuam valendo.

A amostra de Cunha (1989) foi constituída de vinte e um professores do ensino médio e superior de Pelotas (RS), selecionados por critério metodológico rigoroso.

Sem detalhar outros dados conclusivos da investigação, destacarei algumas informações: poucos destes "bons professores" produzem conhecimentos de forma organizada, poucos participam de congressos e seminários, eles gostam do que fazem, apreciam o contato com alunos, relatam influências positivas e negativas de seus ex-professores. Como método de ensino, a aula expositiva é a abordagem que preferem. O seu comportamento como professor provém de sua experiência como aluno e depois como docente.

Releiam as duas frases que encerram o último parágrafo: se é assim, e olhe que são considerados "bons professores", há muito espaço para avançar e para ter excelência nesta área.

[1] Cunha, Maria Isabel da. "O Bom Professor e sua Prática". 14ª ed. Campinas: Papirus, 1989 (Coleção Magistério: Formação e Trabalho Pedagógico).

LIDANDO COM PROJETOS E ARTIGOS

Como não me restrinjo às aulas expositivas, adoto com frequência o método de projetos, a redação de artigos, o método de perguntas e respostas, a exposição rápida, como abordagens de ensino para as disciplinas que ministro.

Isto implica mais trabalho para o professor pela exigência de acompanhamento de todas estas atividades em passos intermediários, mas é o ônus que se paga por procurar garantir que haja melhor aprendizagem no fim.

Com relação aos projetos, aos artigos elaborados como parte das atividades da disciplina, concluí que há maior efetividade quando o trabalho é entregue em pelo menos três etapas: a etapa inicial, com a informação da proposta do que vai ser desenvolvido (a ser apresentada com 30% do tempo da disciplina ministrada); a etapa intermediária (cuja versão do trabalho é apresentada com 70% do tempo previsto da disciplina), em que a versão do trabalho com pelo menos 75% concluído, e a etapa final, depois do término do tempo de duração da disciplina. Nos dois primeiros estágios, faço avaliação do andamento do trabalho até aquele ponto.

Com isto, garante-se que os trabalhos não sejam deixados para o fim pelos alunos com prejuízo para a qualidade dos artefatos elaborados.

A PERTINÊNCIA DO PRÊMIO IGNOBEL (VIII)

Alguns destaques da premiação de 2016

Prêmio de Reprodução

O prêmio foi concedido ao pesquisador de sobrenome Shafik por investigar os efeitos do uso de calças de poliéster, algodão e lã na vida sexual dos ratos; depois ele repetiu a experiência em humanos.

Meu comentário: como a população de ratos pode desenvolver-se sem o conhecimento do efeito do uso de calças dos três tipos de tecido na sua vida sexual? Deve ter ocorrido ao pesquisador que pôr uma calça em um rato já faz com que haja o impedimento do ato sexual? Na hora agá, negociada a relação com a sua rata, como ele conseguiria facilmente desvencilhar-se da calça?

Prêmio de Economia

O prêmio foi concedido aos pesquisadores de sobrenomes Avis, Forbes e Ferguson; a pesquisa consistiu em descobrir a personalidade das rochas; eles utilizaram critérios extraídos das áreas de vendas e marketing para sua proposição.

Continua adiante.

ÚLTIMA CHANCE

A Copa do Mundo de Futebol do Catar (2022) é a última chance da geração de Neymar (26 anos) e Philippe Coutinho (25 anos) de marcar seu nome na história do futebol brasileiro como campeã. Não é coisa para muitos. Basta lembrar que Zico, o grande craque da história do Flamengo, e outros, como Sócrates, Falcão, Cerezo, Júnior, Careca, não conseguiram o feito.

Se olharmos a idade dos atletas atuais, já podemos ter ideia da renovação necessária na seleção brasileira.

Pela idade dos goleiros, tirando Cássio (31), os outros provavelmente estarão: Alisson (25) e Ederson (24).

Nas laterais, a renovação deve ser total, pois Filipe Luiz (32) e Marcelo (30), não terão condições pelas exigências da posição. E esta, particularmente, eu conheço (hahaha!): fui lateral titular no Master da Tuna por muitos anos. Os outros, Danilo (26) e Fagner (28), já não tiveram bom papel neste ano nesta Copa, é menos provável que se mantenham daqui a quatro anos.

Na zaga, três novos zagueiros serão necessários, pois Thiago Silva (33), Miranda (33) e Pedro Geromel (32) foram para a Copa pela última vez. Só Marquinhos (24) tem chance de ficar.

Grande renovação no meio-campo: Renato Augusto (30), Paulinho (29), Fernandinho (33) e Willian (29) não ficam; deverão estar no Catar Philippe Coutinho (25), Casemiro (26) e Fred (25).

No ataque, Taison (30), sem condições de ficar; Douglas Costa (27), talvez. Roberto Firmino (26) e Neymar (26) terão sua última chance. Gabriel Jesus (21) – esta invenção do Tite (atacante que não faz gol, mas destaca-se como um defensor no ataque) – se aprender a fazer gol é nome provável no time.

Claro, esta é uma análise simplista, em que é projetada a idade atual dos jogadores como critério único para composição do time no Catar. Estes jogadores podem ter declínio técnico ou físico nestes quatro anos; além disso, novos jogadores podem impor-se, bem melhores até do que os atuais. Dentre estes, são nomes que podem ter seu talento ratificado com o tempo para ingresso no time: Arthur (Grêmio/Barcelona), Vinicius Júnior (Flamento/Real Madrid), Lincoln (Flamengo), Paulinho (Vasco), Lucas Paquetá (Flamengo), Éder Militão e Shaylon do São Paulo (apesar de o nome dos dois não os ajudarem) e muitos outros.

Esperemos que nenhum destes seja um novo Gabigol e seu futebol vagalume, mais para a escuridão do que para a luz.

P. S.: com 48 seleções, a probabilidade de o Brasil estar no Catar é maior, mas como "não existe mais bobo no futebol" (W. L.), nunca se sabe o que vem.   (09/07/2018).

PRÉ-SAL

Depois do que o PT fez com a Petrobras, vem um adepto da esquerda e diz que o Brasil "perdeu o pré-sal", porque o governo fez leilão para venda de blocos exploratórios de petróleo e gás da citada bacia petrolífera.

Quando e como ele sugere que o Brasil explore o petróleo das bacias que ela própria não consegue por não dispor de recursos para investir? Daqui a 10 anos, daqui a 20 anos? Com que recursos, se o país não dispõe e a empresa está afundada em dívidas?

Na marcha dos acontecimentos, será que ele acha que ainda fará sentido explorar o pré-sal passado este tempo? Ele não liga uma coisa com outra?

Pergunta à lá Didi Mocó: para que serve a cabeça, é só para separar as orelhas?

EMPRÉSTIMO DE LIVROS

O colega de curso na pós-graduação, sabendo que eu mantinha em casa uma biblioteca na área de educação matemática com títulos que a universidade não dispunha, me pediu quatro livros emprestados. Como eu havia oferecido o acervo à turma, fiz o empréstimo.

Passaram-se alguns meses; como ele não falava em restituir os livros, pedi a devolução. Ele trouxe só três. Eu disse que faltava um. Ele disse que tinha levado só três, eu estava enganado. Eu peguei minha caderneta, e disse na hora qual era o livro que estava faltando. Ele calou-se; eu não insisti.

Dois dias depois, sem que eu cobrasse (já dava por perdido o exemplar), sem dizer palavra, ele me devolveu o livro.

POR QUE NÃO FALAM TAMBÉM DAS FALTAS?

Não dá para entender o que ex-jogadores como Van Basten (ex-atacante da Holanda), Peter Schmeichel (ex-goleiro da Dinamarca), Eric Cantona (ex-atacante da França) vêm fazendo com o jogador Neymar. Em nenhum momento, eles falam uma coisa óbvia: Neymar é caçado em campo, apanha sem piedade. Basta ver o número de faltas que sofre. É deslealdade em excesso. Nenhuma menção ao fato. Como há rodízio entre os que batem, os árbitros acabam deixando os agressores impunes.

Em nenhum momento, estes ex-jogadores citam o fato de que os adversários não deixam que Neymar receba a bola. Quase sempre ele a recebe de costas para o adversário, e é atingido com chute nos tornozelos. Quando a falta não provoca a queda, o recurso é o bloqueio da passagem como é usual no rugby. Neste esporte, é permitido derrubar o adversário quando ele está de posse da bola. Mas, mesmo aí é considerado infração grave passar rasteira no adversário. Quantas vezes em um jogo Neymar não é parado assim?

A respeito de tantas faltas recebidas, nenhum comentário. Parece até que, para eles, todos os adversários são leais; o único desleal, por simular, é o craque brasileiro. Ninguém lembra que em 2014 no Brasil ele foi retirado da Copa com um golpe válido no MMA (joelhaço na coluna cervical), que quase o deixa de cadeira de rodas para sempre.

Acompanhei a última edição do campeonato francês (temporada 2017/2018), e vi este padrão: ele recebe a bola, enfileiram-se logo dois ou três adversários para, se passar por um, o seguinte interrompe a jogada com falta. Nem Cristiano Ronaldo nem Messi recebem tantas faltas em seus jogos. Isto se deve ao tipo de futebol que o brasileiro pratica, baseado no drible. Quem joga assim? Não vejo ninguém além dele.

Quem faz a defesa do jogador no Brasil contra esta campanha? Ninguém.

LOOP ETERNO

Não há exigência de que os professores do ensino superior de áreas que não sejam da Educação tenham curso de pedagogia ou de licenciatura. Então, com frequência, os cargos de professor são ocupados por quem não tenha curso na área pedagógica.

Como estes professores fazem para dar aula? Por experiência própria, posso dizer: procuram repetir práticas de seus melhores professores.

Conclusão que se extrai disso: as práticas adotadas são as mesmas do passado. Esta é uma forma de manter o passado. E como era? Aula expositiva, sempre. É o que temos, então. Não há como sair deste círculo.

"VALE DESTACAR"

Assisto ao programa "Manhattan Connection" da GloboNews sempre que posso. Há um jornalista encarregado de apresentar atrações turísticas, artísticas e gastronômicas de Nova Iorque. Sua fala é curta, como é usual na televisão. Por isso, sobressai uma expressão que ele não deixa de usar: "vale destacar". É o seu lugar-comum preferido: sempre "vale destacar" alguma coisa no fechamento de suas matérias.

Observando-se este caso, vê-se claramente o que acontece com o clichê: se ele for retirado da fala ou do texto, não haverá perda, pois não acrescenta nada. Só empobrece e ocupa lugar.

POR QUE NÃO APRENDI ISTO ANTES?!

Já relatei em nota anterior em outro livro em que condições eu assumi o cargo de professor. Claro, sem ter feito nenhum treinamento na área pedagógica: pronto para repetir o que meus professores faziam.

Depois que fiz cursos relacionados à pedagogia, à didática, me fiz o questionamento do título da nota. Eu teria sido melhor professor.

BINGO FRAUDADO

Coisa de jovens, ilegal, mesmo da igreja. Nas festas anuais do santo, havia bingo no fim de cada noite. Os brindes eram objetos de pequeno valor: ferro elétrico, radinho de pilha, ventilador, peru assado. As cartelas eram manuscritas.

A preferência dos espertalhões era pelo que pudessem comer. Faziam questão de ganhar o prêmio quando era frango ou peru assado. Ora, preenchiam a cartela na hora, à medida que os números eram retirados do saco. Não havia como perder o que desejavam ganhar. O prêmio era devorado em comemoração particular que avançava a madrugada.

NÃO EXISTE ALMOÇO GRÁTIS

Em inglês, o título fica: "There Ain't No Such Thing As A Free Lunch". Usa-se até o acrônimo: "TANSTAAFL".

Agora podemos avaliar o preço pago pelo tempo que passamos na rede, fazendo seja lá o que for, na medida em que avançaram os algoritmos de mineração e quase todos os dados das transações ocorrem na economia digital.

Quem nunca procurou um produto para compra pela rede e, depois, não tendo efetivado a transação, passou a ter aquele mesmo produto mostrado, por qualquer aplicativo que vier a usar, para lembrá-lo de que andou procurando tal coisa? Isto não é um exagero?

Claro, estes modelos de negócios estão indo nos limites, até para ver aonde podem chegar ou aonde deixam que cheguem. Mark Zuckerberg, dono do Facebook, teve que começar a preocupar-se com isto. Afinal, autorregulação também precisa de limites. Ele teve que depor no Congresso americano e do Reino Unido para explicar o vazamento de dados de usuários do Facebook para a empresa britânica de marketing político "Cambridge Analytica", utilizados na campanha pró-Trump e no pró-Brexit (Reino Unido).

Por descuido qualquer, procurei mais informação de um serviço oferecido por um médico no Facebook. Foi o suficiente para ser bombardeado com mensagens para me lembrar de que eu cheguei a olhar um serviço como se tivesse interesse em contratá-lo. Ora, eu nunca quis contratar nada. Foi só imprudência. Fiquei propenso a mandar à China ou a outro lugar mais longe o tal médico. Ainda hoje uma mensagem me cobra a finalização da inscrição no tal serviço. Isto depois de, por algum tempo, insistir em dizer que era minha última chance. Como não há inteligência, parece que o aplicativo não tem medida da inconveniência de insistir, e vai perseverar – até que o potencial cliente perca a linha e o mande às favas.

Almoço grátis?

APAGUEM TUDO A RESPEITO DE ÔMEGA-3

Pois fica assim: o que diziam acerca do benefício de tomar cápsulas de ômega-3 para prevenir doença coronariana não vale. Porém, fica a ressalva, como o avanço do conhecimento científico é ziguezagueante, pode haver reversão logo mais ali.

A informação da hora é que estudos de revisão de 79 pesquisas realizadas com exame de dados de 112000 pessoas, bem mais acurados e completos, atestam que é inócuo o produto.

Engraçado que havia tantos fabricantes, que logo aparece quem certifica a qualidade do produto, garantindo que o peixe do qual é extraído o tal óleo tem que provir de "águas frias e profundas"; por isso, é melhor que venha da Islândia e cercanias. Uma certificadora holandesa era a palavra final em homologação e ela na sua eficácia só concedia seu selo para um produto de cada país. Devem ter ganhado muito dinheiro os espertos. Os estudos mais recentes têm reduzido o avanço da indústria de suplementos alimentares.

Quero acompanhar como a indústria do ômega-3 vai reagir depois desta cacetada na cabeça.

E como prevenir problema cardiovascular (infarto e acidente vascular cerebral) então? A líder da pesquisa encomendada pela Organização Mundial da Saúde (OMS), Lee Hooper, da Universidade de East Anglia (Inglaterra), recomenda o mesmo que as nossas sempre lembradas avós (no meu caso, a minha referência é a vó Lula) diziam (ou dizem): não fumar, ter alimentação saudável e vida ativa.

A OMS ainda não se manifestou acerca da pesquisa.

(Natalia Cuminale, "Inútil para o coração". In: Veja, ed. 2592, 25/7/2018).

REAÇÃO A APELIDO

Reagir a um apelido é a pior coisa, todos sabem desde a infância: aí é que a alcunha fica mais marcada. O caso a que me refiro é o de um dos ministros do Supremo: ele não gostou da forma como um promotor o referenciou, e, por isso, o está processando. O promotor disse que ele é o maior "laxante do Supremo".

Na resposta à queixa-crime, o promotor disse que, para justificar o epíteto, vai pedir o testemunho de Joaquim Barbosa e Rodrigo Janot (ex-ministro do STF e ex-procurador-geral da República, respectivamente), com quem o tal ministro teve discussões a respeito do que levou ao apelido.

Lembra o caso do cantor famoso chamado de pedófilo por um ator pornô e, por isso, processado; o ator disse que chamaria como testemunha de defesa a própria mulher do cantor; e faria a sua própria defesa, perguntando a ela sua idade quando começou a se relacionar com o cantor (ela tinha à época 13 anos; o cantor, 40).

No primeiro caso, a reação pode servir para tatuar de vez a alcunha na testa, por mais que o ministro mude seu comportamento depois.

FRASE

"A Constituição permite julgar quem se achava injulgável. A culpa da corrupção não é do juiz" (Ministra Cármem Lúcia, presidente do Supremo Tribunal Federal).

ESQUERDA X DIREITA

Um traço da esquerda: não reconhecer nada meritório que alguém que seja militante da direita tenha feito. Isto vale para políticos, mas não só.

Um exemplo? Basta ver como agem os partidos de esquerda (PT, PSOL, por exemplo). No debate político, não há como os pertencentes a estes partidos verem nada positivo que tenha provindo de seus adversários.

Estratégia permanente da esquerda: ser contra a direita, oposição cerrada. Contra tudo que proponham e contra todos.

Já para os que atuam no mesmo campo político, mesmo o que não tenha mérito algum, é reconhecido mesmo assim. E se for algum malfeito? Sendo parceiro, o ilegal é aceito como se não fosse.

A PERTINÊNCIA DO PRÊMIO IGNOBEL (IX)

Alguns destaques da premiação de 2016

Prêmio de Química

Foi concedido à Wolkswagen pela resolução do problema das emissões excessivas de gases poluentes nos seus automóveis de forma automática; os algoritmos embarcados registram menos emissões sempre que os veículos estão sendo testados.

Meu comentário: com ironia: certíssimo! Reconhece-se a incompetência de poluir menos, então os testes de emissão de poluentes são fraudados. O algoritmo embarcado verifica se é teste "valendo", então frauda os resultados. Que dizer desta solução, digna das "Organizações Tabajara"?

Prêmio de Medicina

Os cinco pesquisadores de sobrenomes Helmchen, Palzer, Münte, Anders e Sprenger ganharam o prêmio. Eles descobriram que, quando se tem uma coceira no lado esquerdo do corpo, ela pode ser aliviada olhando para um espelho, e coçando o lado direito do corpo; e vice-versa.

Meu comentário: quão inteligentes os cinco! Valeram-se do senso comum para publicar! Imaginem os cinco fazendo seus experimentos diante de um espelho! IgNobel justíssimo!

Continua adiante.

VERGONHA

Não conversei com nenhum colega americano, mas creio que a maior parte sente vergonha do presidente que tem.

Vendo a entrevista do candidato Jair Bolsonaro, no programa Roda Viva, me ficou a impressão (ainda bem que nem iniciou a campanha) de caminharmos para a mesma vergonha americana. Já os ingleses também com o Brexit (saída da Grã-Bretanha do Mercado Comum Europeu), têm com o que se envergonhar pelo retrocesso das ideias colocadas em prática.

Preciso recorrer a Nelson Rodrigues, que sempre explica estes casos do nosso cotidiano. Já no seu tempo, Nelson dizia que os idiotas não mais se contentavam com sua insignificância, passaram a rejeitar ficar à margem, acomodados no seu canto, sem serem exigidos quanto à sua baixa capacidade de cognição; eles queriam (como os idiotas de agora) o proscênio, a ribalta, o palco. Não me parece que houvesse preocupação do escritor que ele viesse a ser acusado de elitista. Os tempos eram outros, com valores, ética e moral próprios.

É o que vemos. Quantos idiotas candidatos a presidente? Será que vamos repetir as quatro últimas eleições, em que os vencedores não diziam coisa com nexo e o que sobressaia era a ignorância e o voluntarismo? O resultado do atraso no plano das ideias e das realizações ninguém precisa nos informar – nós vivemos no dia a dia.

CONFRATERNIZAÇÃO NATALINA

No clube, ficou combinado que cada um dos praticantes do futebol social levaria uma peça de carne para o churrasco de confraternização de Natal. Havia uma cota à parte para a bebida.

Um levou uma picanha, outro uma peça com bisteca, outro uma parte de costela bovina, e assim todos contribuíram de alguma forma. Um colega preferiu levar um quarto de carneiro, já temperado em casa para pôr na brasa.

E assim passou-se o fim de tarde de sábado: rodadas fartas de carnes e bebidas diversas, servidas pelos garçons do clube.

Passadas duas ou três horas, o colega que havia levado o quarto de carneiro lembrou-se de procurar o churrasqueiro para provar um pedaço da carne que havia trazido. Não encontrou vestígios do carneiro. Ele disparou alarme de que tinham levado sua contribuição.

Pergunta aqui, pergunta ali, alguém informou que viu um dos participantes, auditor fiscal aposentado, descendo por uma saída lateral, sobraçando a citada peça.

Só meses depois o fujão teve coragem de voltar ao clube.

SANTO DA CASA

Aconteceu com Jesus: ao voltar à Nazaré, sua cidade natal, já como autor de milagres, o povo não reconhecia seus merecimentos:

– Mas não é o filho do carpinteiro, que até outro dia ajudava o pai na oficina? Como pode ser um profeta?

Não é suficiente o sucesso feito fora para ser reconhecido em casa.

RECONHECIMENTO? SÓ MORTO

Vendo uma entrevista da poetisa Hilda Hilst (1930-2004), homenageada na Flip 2018 (Feira Literária de Paraty/RJ): ela dizia que não há jeito de um escritor ser reconhecido em vida. É preciso estar morto para receber as homenagens que merece.

O desconhecimento do tamanho da nossa finitude nos leva a este erro: só reconhecer méritos postumamente. Algo como: você tem méritos pela obra, já seria possível reconhecer pelo conjunto, mas é preciso que morra para as homenagens devidas.

JORNALISMO DO ACOSSAMENTO (I)

Pôde-se ver isto no programa Roda Viva que entrevistou Bolsonaro. Há jornalistas que, ao participarem como entrevistadores em programas na televisão, demonstram o seguinte comportamento: precisam mostrar-se aguerridos, hostis ao entrevistado, chegam à indelicadeza para se mostrarem independentes; querem acossar o entrevistado.

Ora, a civilidade deve prevalecer.

Transparece também aqui e ali ignorância – alguns não têm domínio dos assuntos tratados. São vários os casos: no programa citado, alguém afirmou, por exemplo, que Jesus era exemplo de refugiado, e outras inépcias.

Há um grupo de jornalistas aposentados dos jornais ou que mantêm pouca participação nos jornais impressos, contratados para opinar ou até apresentar programas. São poucos os que se saem bem na televisão.

Para citar um exemplo dos que vão mal: Mário Sérgio Conti, que trabalhou em Veja por muitos anos. Sua dicção é sofrível; a articulação das palavras é meio descoordenada, as intervenções são gaguejantes; até a respiração é irregular, demonstrando desconforto diante das câmeras. A imagem não fica bem.

A televisão não perdoa: a imagem conta muito. Televisão é imagem.

JÁ COMEÇA NO TÍTULO

Muitas homenagens para o diretor de Redação da Folha de S. Paulo, Otávio Frias Filho, morto no dia 22/8/2018. Jornalistas do próprio jornal manifestaram-se, ratificando a grande perda.

No dia seguinte, o jornal trouxe uma entrevista dada por Caetano Veloso. Vejam o título: "Lendo Tavinho, não temos complexo de vira-lata". O que o entrevistado e o editor quiseram com este título? O título, em si, nos diz muito. Como minha missão é levantar questões, o leitor interprete ao seu talante.

ELEMENTO NEUTRO DA ADIÇÃO

Engraçada a entrevista dada por Guilherme Boulos, candidato derrotado no primeiro turno da eleição presidencial. Ele informou que tinha negociado com o PT a adesão à candidatura de Fernando Haddad. Dois ou três pontos que defendeu em sua campanha pelo PSOL agora fazem parte do programa de governo petista.

Ele não falou em outros possíveis ganhos que a campanha petista teria com sua adesão além dos dois ou três pontos citados.

A Matemática não perdoa: zero é o elemento neutro da adição, e vai continuar sendo.   (12/10/2018)

JORNALISMO DO ACOSSAMENTO (II) – PARTE I

Nesta nota vou comentar as entrevistas dos quatro candidatos a presidente, realizadas de 27 a 30 de agosto de 2018, no Jornal Nacional da Rede Globo. Na sequência, Ciro Gomes, Jair Bolsonaro, Geraldo Alckmin e Marina Silva.

O que se viu não foi bem uma entrevista: a forma era de interrogatório; com frequência, o interrogado era barrado antes de completar sua resposta, sendo prontamente contestado, com rispidez. Os apresentadores, William Bonner e Renata Vasconcellos, no papel de questionadores, falaram mais que os candidatos. Mais afeitos à leitura do teleprompter, em que até se saem muito bem, pois possuem excelente dicção, impostação de voz adequada e, ao falar, o fazem com naturalidade, mas pouco acostumados à nova função e quando seja necessário improvisar, eles mostraram-se despreparados, afoitos, meio nervosos, interrompendo, deselegantemente, em todo momento, o interpelado.

A julgar pelas perguntas feitas aos entrevistados, percebemos que estamos mal de candidatos – nada há a mostrar de positivo na vida pública dos quatro. Os temas de interesse de campanha – combate à corrupção, ética, coligações (todas espúrias, para os jornalistas), segurança pública, habitação, mobilidade urbana, e outros – vistos pela ótica do negativismo. Em vez de possibilitar que os candidatos expusessem suas propostas de como tirar o país da crise, a intenção que transpareceu foi a de apontar que eles são corruptos, pouco éticos, incapazes de liderar o governo, enfim, despreparados para o cargo.

Houve jornalista na internet que chegou a dizer que Alckmin passou 62% do tempo explicando-se a respeito de problemas éticos, como se ele tivesse optado por estes assuntos, e como se coubesse imputar tais desvios ao candidato, por haver registros em que o candidato aparece em situações comprometedoras. O que é imputado a subordinados não pode ser transferido obrigatoriamente para o mandatário. Quem aceitaria uma função pública se valesse esta regra? É necessário que haja provas, evidências de mancomunação entre as partes.

LIBERDADE

Aproveitando que a mulher, juíza novata, tinha viajado para assumir sua primeira comarca, bem distante da capital, onde iria passar longa temporada, ele vai ao salão para cortar o cabelo; no embalo libertário, mandou pintar as mechas brancas de acaju.

Em telefonema, alguém passou à mulher a novidade: seu marido havia rejuvenescido. Ela ficou revoltada:

– O que ele está pensando? Só por que estou longe? Ele vai-se haver comigo! Não tinha que pintar nada!

DOIS CASOS DE AFRONTA À VIDA

Dois colegas que se foram: algo em comum, que talvez justifique o desenlace prematuro. Pouco apreço à vida, como se estivessem imunes às doenças pelo desregramento, pela forma como viviam. Ambos não cuidavam minimamente da própria saúde. A bebida alcoólica era o mal comum. Ora, só pela regra de que, a cada copo de cerveja, é necessário ingerir trinta e dois copos de água para remover a acidez, e nenhum viciado em álcool consegue fazer isto, eles estavam preparando o corpo para males que adviriam sem demora em decorrência de tanta violação à saúde. Para um deles, o fim de semana era todo dedicado à cerveja, desde a manhã do sábado até o fim do domingo. Ele se continha nos dias de trabalho, mas ingeria uma ou duas grades no fim de semana. Na segunda-feira estava imprestável para o trabalho.

O outro bebia menos, mas não só no fim de semana. E a bebida preferida era uísque. A agressão à saúde era complementada com o ritmo que impunha à sua vida, como se o dia presente fosse o seu último para viver, e tinha que fazê-lo com mil demandas para atender. Trabalho intenso desde cedo, pulando de um lugar para o outro, até à noite, em ritmo insano. Quando encerrava o trabalho noturno, em vez de ir para casa descansar, ainda finalizava o dia no clube até o início da madrugada. O dia seguinte era semelhante.

O primeiro foi acometido de problemas cardíacos, agravados com cirrose e câncer.

O segundo, debilitado pela bebida e pelo ritmo de vida, sofreu com doença que normalmente não leva à morte, mas que encontrou em seu organismo o ambiente favorável pelas defesas imunológicas baixas para agravamento até deixá-lo imobilizado em uma cama, por mais de um ano até a morte.

Queriam morrer tão jovens? Claro que não! Na situação deles isto nunca era cogitado, mas eles fizeram muito para que fosse antecipado. A expectativa ainda apontava pelo menos mais duas ou três décadas de convívio com a família, com os amigos e com os prazeres que a vida oferece. Agiam como se imortais fossem, e não devessem preservar a vida. A própria.

INCOMODANDO A VIZINHANÇA

Vale também para colegas de trabalho. Alguém, por livre iniciativa, melhora o ambiente usado por todos, seja por mantê-lo limpo, pintado, em melhores condições, optando por não esperar que a gerência ineficaz faça no seu tempo próprio.

Basta fazer algo além do convencional com que se beneficie, mas que alcança a vizinhança toda, para incomodar alguns, mesmo quando eles são também favorecidos pela ação. Em vez do elogio:

– Ele quer aparecer!

JORNALISMO DO ACOSSAMENTO (II) – PARTE FINAL

Finalizando o comentário a respeito das entrevistas com os candidatos a presidente, feitas pelo Jornal Nacional da Rede Globo.

...

Neste tipo de interrogatório, o menos preparado dos candidatos sobressaiu: Jair Bolsonaro. Por quê? Quando ele percebeu o tom dos jornalistas, passou a aproveitar para levar para o lado pessoal: para William Bonner, que lhe fez pergunta a respeito da relação com seu futuro ministro da Fazenda (o "casamento" deles), Paulo Guedes, a quem cabem os assuntos de Economia, o candidato comentou as condições para divórcio em um casamento, deixando claramente o jornalista acuado com o que poderia advir dali (talvez possível menção ao seu divórcio com a jornalista Fátima Bernardes). O mesmo ele fez com Renata Vasconcellos, a respeito da desigualdade salarial entre homens e mulheres. Ele disse que ela deve ganhar menos que o Bonner, e as razões para a diferença são as mesmas por que fez o comentário reclamado pela jornalista. Ela ficou incomodada, claro, pelo fato de sua situação salarial ser trazida para a mesa do interrogatório. E Bolsonaro não perdeu a chance de, mais uma vez, ao ouvir Bonner criticar o "golpe militar de 1964", acusar a Globo de ter apoiado o movimento – ele repetiu as palavras textuais do patriarca do grupo, falecido, Roberto Marinho: "revolução democrática de 1964" –, fazendo com que a emissora se manifestasse depois do programa a respeito do assunto, como já tinha feito na rodada de entrevistas do canal GloboNews, e ainda refutar a afirmação de Bolsonaro de que a Rede Globo "recebia bilhões de propaganda do governo".

Os demais candidatos, mais polidos, em nenhum momento acuaram os interrogadores; Ciro foi um pouco mais impositivo neste sentido, mas bem menos que Bolsonaro – cujo único recurso é este mesmo: o confronto é o meio em que ele se dá bem, pois, ao que parece, não tem medidas para palavras e atitudes.

Um jornalista da Folha de S. Paulo, em comentário, disse que os três eram "mais fracos", e se deixaram enredar pelos jornalistas com sua postura agressiva. A meu ver, não é apropriado falar em fraqueza; mais certo seria falar em polidez, em diplomacia, em lhaneza. No caso, os jornalistas é que estavam no tom errado com demonstração de pouca civilidade. Dos quatro candidatos, Marina Silva foi mais interrompida e, por conseguinte, falou menos que os outros.

Geraldo Alckmin, que teve mais situações em que poderia tripudiar dos inquisidores, comportou-se elegantemente, sem deixar explícita manifestação mais dura quando poderia valer-se da ignorância deles.

Por exemplo, a respeito do aumento do déficit habitacional verificado em São Paulo no último governo. Os investimentos nesta área decorrem da aplicação de recursos federais. E São Paulo, por iniciativa própria, aplica 1% do ICMS na área, o que nenhum outro governo estadual faz.

A mesma coisa ocorreu em relação à questão da segurança: a despeito de redução dos índices de morte por homicídios, os inquisidores afirmaram que decorria de acordo (?) com o PCC. O candidato ridicularizou, no seu jeito, o argumento: pelo argumento cretino, a diminuição de mortes não era decorrente de ação da Polícia, mas dos bandidos presos. Quando o candidato questionou a existência de acordo com a facção criminosa, a jornalista alegou que bilhetes haviam sido encontrados em vistorias, como se fosse possível não encontrar nada nas vistorias periódicas feitas nas celas, até porque os presos recebem pessoas (parceiros ou parceiras para visita íntima, familiares, e advogados). A Polícia de São Paulo é a que mais prende no Brasil, o que pode justificar por que o índice de mortes é o menor. Há unanimidade que o grande problema dos índices elevados de criminalidade decorre do tráfico de drogas e do contrabando de armas, ambas as questões não resolvidas adequadamente pelo governo federal, a quem cabe vigiar as fronteiras do país.

Por conseguinte, havia espaço para Alckmin ser mais assertivo na resposta, em vez de optar pela gentileza. Mas é o jeito dele.

MOMENTO DE IDIOTIA

Fazendo *checkin* no aeroporto de Belém. Viagem para Parauapebas. Por coincidência, encontro colega de outra faculdade na fila indo para ministrar disciplina de sua área na mesma cidade. Ficamos conversando durante toda a operação.

Já em Parauapebas, aguardo minha bagagem. O serviço é finalizado, esteira desligada, nada da minha mala. Como o colega me esperava para tomarmos o carro comum da prefeitura que nos tinha ido apanhar, comento com ele que minha bagagem não havia chegado.

Para minha surpresa, ele comenta:

– Rapaz, eu vi que a atendente tinha despachado tua bagagem para Tucuruí.

Meu bilhete era para Parauapebas. Por que razão ela despacharia a bagagem para Tucuruí? Nem conferi o cartão de embarque com a etiqueta de bagagem colada. Se ele viu o erro da atendente, por que não falou? Não foi necessário falar palavra. Calei-me, já que as únicas palavras cabíveis eram de ofensa. Fiquei a cogitar qual seria o impropério a dirigir-lhe mais adequado para o momento, a despeito de sua titulação, de anos de convivência, não falo em amizade.

Escolha, caro leitor, a ofensa que seria mais pertinente dentre as palavras listadas abaixo caso estivesse no meu lugar. Na hora não adotei nenhum, mas pensei, sem decidir; porém, cheguei a fazer a pergunta que segue, sem ter havido resposta dele:

– "Impropério-a-escolher-da-lista-abaixo", por que não me alertaste em tempo?!!!

A lista para escolha é extensa. Se eu preferisse ficar no reino animal, poderia escolher um destes: animal, réptil, batráquio, anta, asno, jegue, burro, besta, jerico, jumento, quadrúpede. Se preferisse ficar no gênero humano, poderia optar por: abestalhado, abobalhado, acéfalo, apalermado, apatetado, asselvajado, azêmola, babaca, babaquara, basbaque, beócio, bobo, boboca, boçal, bocó, bronco, descerebrado, energúmeno, estúpido, idiota, ignorante, imbecil, lorpa, mentecapto, néscio, obtuso, otário, palerma, panaca, parvo, paspalho, pateta, primitivo, pusilânime, tapado, tonto, trouxa.

Só recuperei a mala no dia seguinte. Tive que comprar uma muda de roupa e objetos de uso pessoal. Não se falou mais no assunto, pois era forma de evitar mal-estar. Assim, também fiquei livre de escolher a palavra da lista.

P.S.: quando publiquei a nota, houve quem contestasse os termos, dizendo que só eu era responsável pela minha bagagem. Reconheci, tanto que agi assim. A brincadeira da nota foi pelo fato de o colega ter feito *checkin* comigo, saber que eu iria para Pebas, saber que eu não despachei a mala para outro lugar, ter percebido algo diferente no procedimento da atendente, e ter deixado para comentar no destino que tinha notado algo errado, quando não restava outra coisa senão resolver o transtorno causado.

AMIZADE ESMAECIDA

Uma amiga me deve dinheiro por trabalho realizado e não pago. A dívida é reconhecida e de valor significativo (não desprezível), mas, pela sua condição econômica atual, ela não tem como pagar. Nunca fiz cobrança por esta razão.

Por causa disso, ela evita falar comigo. Talvez julgue que eu possa vir a fazer a cobrança, criando uma situação embaraçosa. Por ter observado isto, eu também evito contato com ela para não parecer que busco aproximação para falar a respeito da dívida.

Já decidi que nunca cobrarei. Por algum tempo ficou na minha planilha financeira na coluna "a receber", mas excluí, assumindo como "perda total".

ESSE NEGÓCIO DE VIDÊNCIA!

Quando caiu em 29/11/2016 em Medellín na Colômbia o avião em que estava o time da Chapecoense, houve quem lembrasse que um vidente havia previsto o acidente. Ele não tinha informado o nome do time, mas batia razoavelmente: o vidente tinha falado em time pequeno, brasileiro, que disputava torneio sul-americano de futebol. Associação imediata das pessoas: era o time da Chapecoense.

Fui atrás de mais previsões do tal vidente – chamado Carlinhos Vidente. Algumas de suas premonições: o Brasil não ganharia a Copa da Rússia (acertou); ele não via Neymar Jr na Copa (figuradamente, não vimos; ele acertou); o time da Alemanha levaria o título novamente.

A Alemanha foi eliminada na primeira fase! O Carlinhos errou, completamente! Dias depois da eliminação da seleção da Alemanha, ele se explicou, dizendo que não é possível acertar todas as previsões.

Outra coisa que ele previu naquela ocasião: Álvaro Dias tomará posse em 1º de janeiro de 2019 como presidente do Brasil!

Hahahaha! Para que ele acerte, nesta altura, Álvaro Dias tem que se despregar dos últimos lugares nas pesquisas de intenção de voto e subir mais rápido que um foguete para ir para o segundo turno.

Carlinhos, que tal tentar outro ramo de negócio?

A PERTINÊNCIA DO PRÊMIO IGNOBEL (X)

Alguns destaques da premiação de 2016

Prêmio de Psicologia

Os cinco pesquisadores de sobrenomes Debey, Schryver, Logan, Suchotzki, Verschuere receberam o prêmio. Eles selecionaram uma amostra com mil mentirosos; perguntaram-lhes com que frequência eles mentiam; depois calcularam a probabilidade de terem sido sinceros nas respostas.

Meu comentário: sem a publicação em mãos, não sabemos como eles chegaram aos mentirosos. Foram pessoas que se assumiam como mentirosas, ou eram tidas como tal pelos outros? Neste caso, como elas receberam esta informação (de que eram mentirosas contumazes)? Como os pesquisadores explicavam que seus objetivos exigiam a participação de mentirosos? Quantos rejeitaram participação ao se saberem vistas como mentirosas pelos outros?

Prêmio da Paz

Pelo trabalho acadêmico intitulado "Sobre a Compreensão e Detecção de Idiotices Pseudoprofundas" (sic), os pesquisadores de sobrenomes Pennycook, Cheyne, Barr, Koehler e Fugelsang ganharam o prêmio da Paz.

Meu comentário: sem acesso ao texto da investigação para aquilatar melhorar o que apresenta, vê-se pelo título que o trabalho produzido detecta idiotices, mas não quaisquer idiotices: interessou aos pesquisadores as pseudoprofundas. Há um erro lógico na sequência dos passos da pesquisa: deveria detectar a idiotice, e depois compreendê-la, e não na ordem que aparece no título. Coloquei *sic* no fim do título por duas razões: a sequência lógica aludida e a inobservância do paralelismo sintático. O título poderia ser: "Sobre a Detecção e a Compreensão de Idiotices Pseudoprofundas".

Com respeito ao prêmio ter sido concedido nesta modalidade (Paz): creio que se trata de atribuição irônica. Se não há o tom irônico, o fato de reconhecer idiotices e procurar compreendê-las é digno de apoio em razão de que um valor da época que vivemos é não discriminar ninguém. Alinha-se no que é politicamente correto. Havendo a detecção de uma idiotice, por que não estudá-la, por que não tentar compreendê-la? Este o mérito do trabalho. IgNobel justíssimo!

Continua adiante.

NO VER-O-PESO

Vale para toda a zona comercial da cidade de Belém o cuidado com que se deve fazer qualquer transação, para não ser passado para trás. No mercado de venda de peixe, atenção redobrada. Um dia, quem sabe, a fiscalização municipal vai funcionar para verificação do peso, pedido no nome do próprio prédio. Outra coisa simples é a exigência de informação do preço da mercadoria, para que não haja cobrança pela indumentária do freguês. Mas são coisas que cabem a um agente municipal, e sabemos que eles não costumam ser confiáveis ou, quase sempre, não estão a postos. Nosso estágio civilizatório ainda não atingiu este patamar.

Depois de percorrer os vários talhos, cheguei aonde havia o que eu queria no preço que julguei justo; tive que perguntar o preço, pois não havia tabela de informação. Pedi ao peixeiro dois quilos do peixe cortado. Havia alguns pacotes já preparados sobre o balcão, e ele continuava cortando peixe para formar outros. Ele pôs na balança um pacote com seiscentos gramas a mais. Informei que só tinha dinheiro para dois quilos. Rapidamente, ele pegou o pacote certo, com os exatos dois quilos pedidos.

Ele tentou, mas não deu certo. Quem sabe o próximo aceite levar mais do que precise?

A INTENSIDADE DO FUTEBOL ATUAL

É impactante a rapidez com que é jogado o futebol na Europa. Alta intensidade ao longo dos noventa minutos. A maioria dos jogos no Brasil é bem diferente. Ficamos para trás. Não há como ganhar os grandes times europeus se não jogar no mesmo ritmo.

Vendo Liverpool e PSG pela Champions League em 18/9/2018: jogadas verticais do Liverpool, explorando contra-ataques sem toques laterais dos jogadores do meio de campo, tentativas de tomar a bola do adversário a partir da defesa, forçando que os zagueiros errem. Correria o tempo todo. Mas não só correria: dribles, passes precisos, jogadas ensaiadas.

CAÇOADA DO COTIDIANO

Entre colegas de trabalho é usual que um cace o outro como passatempo das horas ociosas, e também das não ociosas.

Em uma roda no café, alguém mencionou colega ausente a propósito de características físicas, magreza, formato do rosto e conjunto da figura. Um, sarcástico, finaliza:

– Imagina a cara dele na hora do gozo!

Todos caem na gargalhada.

CHACOTA NA CAMPANHA ELEITORAL

Na campanha eleitoral de 2006 para presidente, o segundo turno foi disputado por Lula (PT) e Geraldo Alckmin (PSDB). Lula venceu com cerca de 60% dos votos válidos.

Como forma de debochar com o candidato do PSDB, pelo jeito e pela forma pausada de falar, Lula dizia que Alckmin havia mamado até os catorze anos.

MULETAS DE LINGUAGEM

Quem trabalha com a fala, como os professores, os apresentadores de televisão e os radialistas não têm como não ficar atentos às próprias gagues. Mais comuns: "tipo", "né?", "certo?", "ok?". Uma jornalista do Globo News, programa "Em pauta", por exemplo, não deixa de falar "enfim" seguidas vezes em suas intervenções, mesmo quando a palavra não é cabível.

As pessoas à volta percebem pela frequência, mas quem tem coragem de alertar o indigitado?

Talvez a solução seja a que vi que os colegas de um comentarista esportivo adotaram: como falava que algo ou qualquer coisa era "patético", e repetia seguidas vezes, pronto!, ele passou a ser chamado de "patético".

A resposta dele para evitar o apelido foi deixar de usar seu adjetivo preferido...

ESTOU PRESO AO MEU PASSADO?

A resposta à pergunta do título é não.

Eu sou um pensador. Quem não é? Nestes tempos de eleição, com o poder e a fraqueza da rede, vemos toda sorte de manifestação, de naturezas opostas, com vários outros tons entre os extremos.

Observei o seguinte: o sujeito disse uma bobagem no seu passado. Há o registro daquele instantâneo. A pessoa já não pensa como tal, admite a infelicidade da afirmação, refletiu, constatou o erro, evoluiu.

Não! Mas como?! Ela é aquele momento! Está presa nele! Ela jamais pode evoluir. Por mais que diga que realmente pensava daquela forma, mas não mais. Os escavadores do passado trazem como prova algo de dez, vinte anos atrás.

A Justiça está assentada no princípio: pena cumprida por um crime o elimina; a pessoa nada mais deve à sociedade. Não há mais passivo. Está livre.

É assim também na Igreja Católica: quando a pessoa confessa seus pecados, quaisquer que tenham sido as falhas, o padre a absolve, ela não tem mais passivo nenhum. Até que precise voltar ao confessionário.

Nestes tempos de rede não é assim. Crimes cometidos, pagos com a prisão merecida, são trazidos para o presente como se a pessoa não fosse outra hoje, diferente da do passado. Vale o mesmo para erros de outras naturezas, que não tenham chegado aos tribunais humanos. Basta que tenham ficado na consciência.

A julgar desta forma, somos os mesmos de dez, quinze anos atrás, somos os mesmos da infância, já tão longe, somos os mesmos de ontem. Não somos! Eu sou a pessoa do presente. Meu passado – e tudo o que fiz nele – são possibilidades de mim. Talvez hoje até improváveis. A maior parte delas, certamente. Claro que pode haver reincidência.

O que vai nesta nota como ideia vale para a situação, para a oposição, direita e esquerda (o que seja que isto signifique hoje), fascistas, neofascistas, liberais, neoliberais, socialistas, comunistas, e demais correntes de pensamento.

Sem negar o passado, mas situando-o no tempo. Eu sou as posições que assumo hoje. Este é um traço de humanidade. Somos assim. Quem não é?

Quem não gostaria de ir ao passado corrigir uma decisão, uma atitude em que foi mal, pela qual ainda se sente mal hoje? Recorrendo à metáfora bíblica: atire a primeira pedra quem, examinando a consciência, não gostaria de apagar alguma mácula. A consciência não é o pior tribunal?   (10/10/2018)

ESTREITAMENTO

Colega reporta que seu amigo, sessentão, antes com tantos interesses – mulheres, trabalho, viagens, esportes, festas – agora só pensa em uma coisa: comer, beber, comida, bebida, o que comer, o que beber, o que petiscar. Abastecer o freezer e a despensa para não haver risco de faltar algo passou a ser programa diário obrigatório. A conversa é monotemática: a respeito do que comeu no almoço ou do que pretende jantar, de um queijo especial para degustar com um licorzinho especial, do que bebeu, etc.

Moral da história: seus interesses foram-se estreitando, e ele crescendo para os lados...

"GOLPE JUSTO, ENCAIXADO"

No boxe, conta mais o golpe em que o punho alcança o alvo sem resvalar, sem perda da potência desferida. Diz-se que é um "golpe justo", que encaixou; pelo menos é assim que os comentaristas se referem ao soco dado nestas condições: a luva se choca contra o alvo (o rosto ou o plexo do adversário) em cheio.

No jogo pela Copa do Brasil entre Cruzeiro e Palmeiras, houve empate (1 a 1), o que classificou o time do Cruzeiro para a final contra o Corinthians.

Por que estou falando de golpe do boxe em jogo de futebol? Ao terminar a partida, houve briga envolvendo jogadores dos dois times.

Minha nota é a respeito da foto publicada nos jornais no dia seguinte ao jogo (27/9/2018): o jogador do Cruzeiro, Sassá, desfere soco no jogador Mayke do Palmeiras. O instantâneo capta a deformação do rosto do palmeirense provocada pelo "golpe justo, encaixado" dado pelo cruzeirense. O punho cerrado de Sassá atinge a bochecha esquerda de Mayke, o que provoca inchaço da bochecha direita, como se ele estivesse com este lado inchado. Vê-se que Mayke está de frente para o adversário que o agradiu, mas não se protege (seus braços estão arriados), talvez pelo inesperado, o que fez com que fosse mais contundente o soco.

Os jornais registram que Mayke tentou bater também em Sassá, mas não acertou. Ambos os jogadores foram expulsos, mesmo depois do término da partida.

O MUNDO DO "FAZ-DE-CONTA"

Pressionado no debate eleitoral realizado pelo SBT, UOL e Folha de S. Paulo por que vai a Curitiba com tanta frequência e se for eleito vai manter as consultas ao presidiário a quem substituiu na campanha presidencial do PT, Fernando Haddad disse que a razão é a defesa do ex-presidente, já que é seu advogado. Seguiu-se o proselitismo reiterado: não há provas no processo de condenação, a ONU vai referendar a condenação do país e da Justiça Brasileira, ...

Esforçam-se por levar ao descrédito as instituições brasileiras: até aqui sem sucesso.

Ao dizer o que disse não se notou nenhuma mudança na expressão facial do candidato: nenhum enrubescimento, nenhuma expressão de riso, nada. Manteve-se impassível.

VENENO

Os inimigos de Vladimir Putin, atual presidente da Rússia, precisam acautelar-se com o que comem, com o que bebem, com o que inalam: seus rivais mais incômodos, tem-se percebido, morrem em pouco tempo; padrão das mortes: envenenamento. Todos os casos, misteriosos.

VAI E VOLTA

A Justiça vive momento de instabilidade. Uma hora autoriza-se que o preso dê entrevista; outra hora, a autorização é cassada. O preso não pode nem curtir sua cadeia em paz.

INTERPRETAÇÃO CAPCIOSA

A interpretação do jornalista, antes baluarte do antipetismo, a respeito de sentenças judiciais, agora é sempre favorável aos marginais do poder. Claramente contra as ações da operação Lava Jato. Mostra-se mais garantista que o juiz mais garantista das nossas cortes: para ele bandido de colarinho branco nunca deve ir para a cadeia, sempre há um recurso possível, como se isto estivesse no espírito da Constituição em vigor.

PROGRESSISTA

Que palavrinha! Coitada! É vilipendiada! Empregam-na para indicar alguém cujas ideias são tudo menos algo a ver com progresso como seria esperado. Os que se dizem progressistas estão comprometidos com ideias datadas de metade do século XX. Não há nada mais atrasado no plano das ideias do que um sujeito que se diz progressista.

Coitada! A continuar assim os dicionários proximamente têm que acomodar esta acepção: em vez de "progresso" como "ação ou resultado de progredir", ou "movimento para a frente; avanço" terá algo como "ato ou efeito de atrasar", ou "falta de desenvolvimento econômico, de cultura, de civilização", ou "falta, carência, privação".

EM POUCOS SEGUNDOS, TUDO MUDA

Assim se constroem os resultados dos jogos de futebol. A vitória do Liverpool diante do PSG foi conseguida nos últimos segundos do acréscimo da partida com o gol de Firmino. Não tivesse havido o gol, a apreciação do jogo do PSG não seria tão negativa. É grande a má vontade com tudo que diga respeito ao PSG, pela obsessão do dono em fazer com que o clube ganhe um título da Champions, por utilizar recursos do governo do Catar para este fim. A própria contratação de Neymar Jr faz parte desta obsessão.

Minha impressão: não tivesse havido o gol nos últimos minutos da partida, a avaliação seria bem diferente. O empate seria elogiado. Muitas virtudes seriam apontadas para conseguir o resultado.

Como perdeu, nada presta. É o que os jornais informam.

PERGUNTA PARA UM CANDIDATO

Uma jornalista fez a seguinte pergunta (reproduzo com minhas palavras) para o candidato a governador do Rio de Janeiro, senador Romário:

– Você já foi preso por não pagar pensão alimentícia. Já perdeu apartamento por não pagar o condomínio do prédio. Já perdeu carros por conta de dívidas não pagas. Repassou bens para suas irmãs como forma de evitar que fossem penhorados pela Justiça. O Estado do Rio de Janeiro está quebrado, em situação falimentar, não conseguindo arcar com salários do funcionalismo. Como você espera que a população acredite que vai resolver os graves problemas do estado se não consegue fazê-lo em relação à sua vida pessoal?

Não sei qual foi sua resposta, mas tenho curiosidade de saber. Ele não precisaria responder a pergunta. O certo seria ir dali para a sede do partido protocolar a retirada da candidatura por incapacidade autorreconhecida. Uma gota só de bom senso seria suficiente para tal atitude.

SÓ EU POSSO BRILHAR

No jogo do Liverpool contra o PSG, no estádio Anfield (Liverpool, Inglaterra), o jogador egípcio Salah não teve atuação destacada, sendo substituído no segundo tempo. Quando saiu o gol de Firmino nos acréscimos (a partida estava empatada, 2 a 2), viu-se uma atitude estranha do egípcio no banco de reservas, que não parecia comemoração pelo gol marcado pelo colega de clube: ele atirou uma garrafa de água, parecendo irritado pelo protagonismo que Firmino assumiria pela vitória: entrou nos vinte minutos finais, e marcou belo gol.

Atitude semelhante teve o jogador português Ronaldo no Real Madrid em algumas ocasiões: o destaque tinha que ser ele; parecia não admitir que um colega marcasse gol. Uma vez chegou a dirigir gestos para o bandeirinha que o colega que havia feito gol, antecipando-se a ele, estava impedido. Não se tratava de exemplar comportamento ético: o gol não tinha sido irregular.

INGENUIDADE AOS 90 ANOS?

Não cabe nesta idade ser ingênuo. Se as faculdades mentais estão todas no lugar devido, e não há ingenuidade, outra razão deve haver. Então, ao propor que o PT forme uma "comissão da verdade" para apurar o que aconteceu durante os anos de governo – segundo ele, até como forma de aprendizado, e que levaram os tesoureiros e o dono do partido à cadeia, Noam Chomsky (linguista, filósofo e ativista de esquerda americano, de 90 anos) não conhece a organização e nem seu líder. Por ignorar o caráter do partido e de suas lideranças, ele faz esta sugestão. Nunca o PT acatará o que o filósofo sugere: Lula jamais permitiria que tal comissão funcionasse. Por quê?

Lembram o slide de Deltan Dallagnhol, procurador federal, na sua exposição em Curitiba a respeito da Operação Lava Jato? Havia um círculo no centro do slide e catorze outros nas extremidades [*], em volta do círculo central (em que estava escrito "Lula", como o comandante do esquema de corrupção denunciado na Lava Jato, para o qual a Petrobrás pagou de propina 6,2 bilhões de reais). Todos os círculos das extremidades tinham setas apontando para o central, correspondente ao chefe da organização criminosa. Segundo Dallagnol, refletiam o cerne da denúncia apresentada pelo Ministério Público Federal contra o ex-presidente.

Um raciocínio curioso do filósofo: ele disse que a pena foi pesada demais. Segundo suas palavras: se fosse para o ex-presidente Cardoso (como ele referiu o ex-presidente Fernando Henrique Cardoso), a pena seria menor. O entrevistador não pediu esclarecimentos, mas deduz-se de suas palavras que as penas no Brasil são dosadas por algum critério outro que não seja o crime cometido. Este critério seria o quão lustrado seja o réu: se for semianalfabeto (caso do ex-presidente Lula), a pena é maior; se for titulado (caso fosse FHC), a pena é menor.

Com o que ficou implícito neste argumento, fiquei duvidando do adjetivo sugerido no título da nota.

[*] Os círculos continham: 1) Reação de Lula; 2) Depoimentos; 3) Petrolão + Propinocracia; 4) Governabilidade corrompida; 5) Poder de decisão; 6) Expressividade; 7) Maior beneficiado; 8) Enriquecimento ilícito; 9) Vértice comum; 10) José Dirceu; 11) Pessoas próximas no Mensalão; 12) Mensalão; 13) Pessoas próximas na Lava Jato; 14) Perpetuação criminosa no poder.

PS CRITICA CORRUPTO

Prestes a ser julgado por corrupção, José Sócrates, político português, ex-secretário-geral do Partido Socialista (PS), ex-primeiro-ministro de Portugal no período de mar/2005-jun/2011, critica Justiça de seu país e a do Brasil por mandar prender Lula. Ele reagiu também ao comportamento de seu partido, o Socialista, por tê-lo abandonado à própria sorte, diferentemente do que tem feito o PT em relação a Lula. Em razão das críticas que recebeu de dirigentes do PS, ele resolveu sair do partido:

– "PT segue com Lula, mas Partido Socialista me deixou", diz ex-premiê de Portugal.

– "A diferença é que o PT se manteve unido ao lado do Lula. A primeira coisa que o Partido Socialista fez foi afastar-se. (…) Eu nunca pedi ao PS que me defendesse, mas nunca pensei que fosse o próprio Partido Socialista a atacar-me", diz.

A PERTINÊNCIA DO PRÊMIO IGNOBEL (XI)

Alguns destaques da premiação de 2016

Prêmio de Literatura

O ganhador do prêmio foi o escritor de sobrenome Sjöberg pela sua trilogia autobiográfica, em que relata seu prazer e sua fixação de vida: a coleção de moscas, mortas e vivas.

Meu comentário: não temos informação do número de páginas das obras que compõem a trilogia para aquilatar a pertinência do prêmio, nem da razão como se deu esta obsessão do autor: a captura e a criação de moscas e a constituição do seu acervo com as mortas. Qual é o deleite de tal criação e de tal acervo? Ele encontrou alguém mais com este hobby?

Prêmio de Percepção

Os pesquisadores de sobrenomes Higashiyama e Adachi obtiveram o prêmio pela investigação do quanto os objetos são percebidos de maneira diferente quando a pessoa se curva para olhá-los por entre as pernas.

Meu comentário: os prêmios do IgNobel não têm utilidade perceptível, salvo o fato de os pesquisadores terem tido a sacada e, não tendo algo mais importante a fazer, ido adiante para realizar seu sonho de publicar um trabalho científico. De resto, trata-se de trabalho meramente descritivo, já que o ângulo de visão deles é inusitado: eles veem as coisas às suas costas, em visão invertida, com a cabeça para baixo. Justo o prêmio de percepção!

Continua adiante.

VIDA PÚBLICA

Para políticos profissionais como Jader Barbalho, Renan Calheiros, José Sarney, Lula (preso em Curitiba), Aécio Neves, Eduardo Cunha (preso em Curitiba), Paulo Maluf (prisão domiciliar) e muitos outros do mesmo naipe, a vida pública é para benefício próprio, para enriquecimento pessoal. Se der para fazer algo pelo povo, tudo bem, mas não é o objetivo primeiro.

Há tempo tenho este convencimento: nosso atraso é o preço que pagamos pelos políticos que elegemos. Independentemente do plano em que atua o político, seja municipal, seja estadual, seja federal, o padrão é o mesmo: fazer-se financeiramente, enriquecer, buscar formas de perpetuar-se nos cargos públicos. Se possível, ele joga uma migalha para o povo, principalmente quando estiver próximo das eleições. Eleito, a missão é trabalhar para si nos três anos iniciais; no último ano, ele procura uma forma de chegar ao eleitor com alguma benesse do tipo "engana-trouxa".

ATENÇÃO PARA QUEM ESTÁ FORA

Quem atua por muito tempo em uma área (seja científica, seja em um negócio), tem a propensão a achar que a forma como faz o que precisa no seu cotidiano é a única. Afinal, tem dado certo. Há natural acomodação tanto quanto ao processo, quanto à tecnologia utilizada. É o que Joel Barker, futurólogo inglês, chama de "paralisia dos paradigmas": o domínio de dada forma de fazer uma coisa leva a que as pessoas envolvidas considerem que esta seja a única forma de fazê-las. O que não é verdade, decididamente. São incontáveis os exemplos que atestam isto.

Só que quem não atua nesta área não tem estas limitações, e nem se submete a elas.

Já vi isto ocorrer em muitas situações. Alguém que não pertence ao grupo atuante vem de fora nem nenhuma amarra conceitual, processual ou tecnológica, e acaba fazendo melhor.

Na área tecnológica, por não ter compromisso com os padrões estabelecidos, quem não pertence a esta comunidade, tem grande chance de revolucionar, de inovar, por não se ter imposto os limites da convenção posta.

Tenho enveredado neste ano por uns caminhos que não foram os meus nas últimas décadas. Com isto, sempre é possível ser rechaçado com críticas de quem está no batente e se sente dono da praia.

– O que este intruso quer aqui?

– Ora, quero mostrar como vejo as coisas. É diferente de como vocês veem, e de como têm feito... Minha forma pode ser melhor que a de vocês, ou, pelo menos, é mais uma maneira de se fazer isto.

LINGUAGEM FORTRAN

Uma das primeiras linguagens de programação com que trabalhei foi a Fortran (FORmula TRANslation – tradução de fórmula), linguagem utilizada na programação científica. Só que raramente eu a empreguei em aplicação científica: o uso era em aplicação administrativa, comercial, mesmo. Olhem só quanto tempo atrás: nem compilador da linguagem COBOL havia; só passamos a trabalhar em COBOL bem depois. Com isto, sei que estou entregando a minha idade aqui. Que jeito!

Os comandos básicos de Fortran eram utilizados com um pacote fornecido pela IBM chamado CSP de rotinas comerciais que possibilitavam recursos de edição e formatação de campo, por exemplo.

Estou falando isto tudo por um motivo: contar um caso que me ocorreu relacionado ao uso de Fortran. Fui designado para ministrar um curso de programação Fortran para um grupo de estudantes de pós-graduação em geofísica. Só que eles estavam acostumados com uma forma de programação que eu avaliei como primitiva, tosca. Quem conduzia a disciplina antes era engenheiro, pesquisador da área de geofísica. Não tinha formação em computação.

Nas avaliações dos trabalhos no fim do curso, eles apontaram como positiva a experiência de trazer alguém "de fora", com uma visão diferente da forma de programação como eles faziam – que se atinha a aspectos qualitativos com os quais eles não se ocupavam: legibilidade e documentação do código, eficiência do algoritmo da solução do problema em questão, uso de recursos da linguagem de programação que favorecessem a manutenção posterior do programa escrito, cuidados com o teste dos programas.

A programação de computadores era vista por alguns como atividade artística, e não como técnica. Ainda não se falava em engenharia de software naquela altura, mas as bases da disciplina já começavam a ser assentadas.

FOI PIOR DO QUE SE SUPUNHA

A eleição de Dilma Rousseff em 2014 não foi só um caso clássico de estelionato eleitoral – quando o candidato à reeleição diz que a situação do país não era grave, acusa os adversários pelo ajuste que prometiam fazer, elege-se em consequência disto, e faz exatamente o que dizia que os adversários fariam logo nos seus primeiros dias do novo mandato. Estelionato plenamente configurado: o candidato mente, promete o que sabe que não consegue entregar.

Com a delação de Antônio Palloci divulgada ontem (1º/10/2018), ficamos sabendo que houve muito dinheiro de corrupção na campanha que reelegeu a candidata. Pena que a primeira mulher a assumir a presidência tenha este lastro que, de certa forma, a conduziu ao cadafalso.

IMPRUDÊNCIA DE AVÔ

Sabendo que receberia a visita de minha neta de três aninhos, Alice, filha do André, que mora em São Paulo, corri para providenciar dois presentes: um boneco de pelúcia, que eu mesmo comprei; pedi ajuda para a compra de uma bonequinha.

Ela chegou trazendo presentes para mim; claro, gostei muito. Aproveitei, e entreguei os meus: ela abriu os volumes, apressadamente. Depois que viu o que era, deixou-os de volta nas caixas; continuou agarrada na bonequinha de pano que havia trazido.

Depois de umas duas horas, em que cantou as musiquinhas da escola, recitou os números em inglês, etc., e já se preparando para sair com os pais, eu a chamei para perguntar se tinha gostado dos presentes que lhe tinha dado.

Não pareceu que houvesse dúvida na resposta pela prontidão com que ela a deu, o que me levou ao riso demorado pelo esforço feito em agradar e não ter conseguido:

– Não gostei!

ATÉ ONDE SE PODE DESCER

Reportagem da Revista Veja (Ed. 2602, de 03/10/2018) aponta que o candidato do PT, Fernando Haddad, no Nordeste, para emular o líder preso em Curitiba por corrupção e lavagem de dinheiro, tem deixado de lado as concordâncias nominal e verbal nas suas falas para guardar semelhança com os discursos do ex-presidente, cujas características são o vilipêndio às regras gramaticais, à lógica e à História.

Professor de pós-graduação e intelectual, o candidato petista tem tido dificuldades em parecer o ignorante que não é.

GOVERNO DESASTROSO

Mais uma medição aponta quão desastrosa foi a passagem de Dilma Rousseff pela presidência do país. O Instituto Brasileiro de Geografia e Estatística (IBGE) divulgou recentemente que, em 2016, o Brasil perdeu 70,8 mil empresas; foram demitidos em consequência 1,6 milhão de trabalhadores.

O estudo que traz estes números tem como título "Demografia das Empresas e Estatísticas de Empreendedorismo 2016".

DECALQUE EM FERRARI?

Os jogadores de futebol constituem uma classe que cultua excentricidades, como os artistas pop. Mesmo os que não fazem parte da elite do esporte aderem, quando podem.

A parcela que se destaca com altos salários é pequena, porém. No cadastro da CBF, com dados do início de 2016, dos mais de

28.000 jogadores profissionais registrados, aproximadamente 83% ganhavam até mil reais. Perto de 14% estavam na faixa salarial seguinte (acima de mil até cinco mil reais); menos de 1,4% tinham salário superior a cinco mil, e menor que dez mil reais. Portanto, a maioria tem salário baixo.

A realidade de ostentação e luxo é para pouquíssimos: frota de carros luxuosos, mansões em vários lugares, frequentes festas suntuosas, joias, relógios e roupas caras. Há o grupo reduzido dos que possuem luxos mais caros: jatinho, helicóptero, iate, lancha.

Este preâmbulo foi feito para chegar à questão comportamental. O que um jogador faz é logo copiado pelos outros. Por exemplo, quanto mais ridículo o corte ou a pintura do cabelo, melhor. Haverá maior adesão dos outros e dos aficionados que os seguem. Não há limite para a extravagância. Quando se pensa que este ponto foi alcançado, aparece alguém que dá um passo a mais.

O mesmo ocorreu em relação às tatuagens. Alguém colocou uma acanhadamente para apresentar-se diferente. Em pouco tempo, vendo aquilo, grande parte dos jogadores passaram a adotar. É raro hoje o jogador que não tenha o corpo tomado por elas. O pertencimento ao grupo exige que, mesmo os de índole retraída, adiram à moda.

Há quem divirja de certos modismos, mas, investigando, constata-se que têm lá suas preferências: deixam de adotar uns, mas seguem outros. O gosto é vário.

A maneira de comemorar um gol é, em si, um atributo de personalidade dos atacantes. Cada um busca ter sua forma única, às vezes ridícula. Neste particular, Cristiano Ronaldo, jogador da Juventus de Turim na Itália, na comemoração de seus gols, antes de qualquer contato com os colegas, corre para longe deles, levanta a camisa e mostra o corpo atlético para as câmeras como se estivesse em certame de fisiculturismo. Só então procura os colegas para se confraternizar com eles.

Certa ocasião, perguntaram-lhe por que não tinha tatuagem para mostrar depois dos gols.

Resposta do português, rindo:

– Você acha razoável pôr decalque em uma Ferrari?

TALVEZ SEJA ISTO MESMO

Uma das propagandas do PT na semana final da campanha presidencial na televisão (spots de 30 seg), o candidato e os atores falam em botar "a economia para girar". Tanto um quanto os outros fazem um gesto com a mão que, para dar a ideia de algo que vai girar, mais parece desferir uma tapa no desprevenido e incauto telespectador.

É isto mesmo? É o que dá para deduzir... Não seria surpresa: o que mais o partido faz é surpreender os seus eleitores. Negativamente.

FATALISMO BIOLÓGICO

Muitas vezes li que, em certos casos, só o fatalismo biológico para resolver. A ditadura de Fidel Castro era um caso. Só que, neste caso, havia outro Castro na fila esperando para assumir. E assim o povo cubano não se livrou do socialismo castrista com esta saída irremovível.

O mesmo pode-se dizer em relação ao Brasil. Com os resultados apontados pelas prévias eleitorais, parece que ainda não será desta vez que a poltrona presidencial será ocupada por alguém capaz. E ainda paira o risco de volta do PT.

Se isto acontecer, o que fazer? Torcer para que o fatalismo biológico imponha-se, inapelavelmente, e dizime pelo menos meia dúzia destes que querem o poder.

RESILIÊNCIA ESTOMACAL

Tive um colega muito apegado a cargos de direção. O laço de amizade permitia que eu lhe apresentasse minha avaliação: eu dizia que ele tinha "estômago de avestruz" para aceitar tudo o que tinha que tolerar para permanecer no cargo, a despeito de saber que os superiores imediatos, que haviam assumido por eleição, queriam que ele entregasse o cargo para poderem nomear alguém alinhado com a nova administração, mas não queriam retirá-lo arbitrariamente, e faziam tudo para que ele entregasse o cargo. Tratavam-no mal, com desapreço, deixavam-no horas esperando para ser recebido no gabinete, adotavam toda sorte de ação para depreciá-lo, não liberavam recursos para sua área; enfim, dificultavam seu trabalho.

A referência ao estômago do avestruz é pelo fato característico de o suco gástrico da ave ser capaz de dissolver o que vier goela abaixo, mesmo quando é altamente indigesto.

E ele, impávido, se mantinha na função, como se tudo fosse normalíssimo.

Eu não teria semelhante resiliência. Na segunda ocasião em que a administração me destratasse, eu jogaria tudo para o ar.

HADDAD CANDIDATO

Semelhante estômago de avestruz citado na nota anterior (cujo suco gástrico parece ser capaz de dissolver o que vier goela abaixo, mesmo altamente indigesto) demonstra ter o candidato Fernando Haddad: o que tem ouvido de achincalhe sem ter como contestar em defesa do partido e de sua candidatura.

Infelizmente, o dono do PT está preso. Ele é quem deveria estar ouvindo e respondendo acerca das mazelas de sua administração e das de sua indicada (que se convencionou chamar de "poste", pela solar razão de não ter identidade própria, que respondesse ela mesma pelos seus atos). Neste caso, o "poste" citado chama-se Dilma Rousseff.

Agora, Haddad cumpre este papel com grande estoicismo. Estômago de avestruz! Suco gástrico poderoso para processar todo tipo de entulho!

O NEGÓCIO DAS FARMÁCIAS

Para ocupar o espaço de um grupo empresarial que quebrou, vieram logo três ou quatro novos de fora. Lojas novas, outras ampliadas, com estacionamento, uma ao lado da outra. Como isto pode ser tão rentável? Há clientela para tanta farmácia?

Há algo de estranho neste negócio: é certo que o povo automedica-se; o governo não atua com força na prevenção; então há mais doentes, por desinformação. Lembro a respeito pesquisa americana (os americanos com sua mania de fazer pesquisa para tudo) que chegou ao seguinte padrão estatístico: ter curso superior aumenta o tempo de vida de uma pessoa em nove anos. Eu até usava, na brincadeira com os alunos, este argumento para que eles não deixassem de concluir seus cursos e, assim, caberem no molde estatístico que atesta que mais informação significa mais apreço pela vida, pela saúde, pela manutenção da saúde, por mais atenção à prevenção e, consequentemente, isto se reflete no tempo de vida. A ignorância leva ao contrário: menor tempo de vida. Há exceções, claro: casos isolados podem ficar fora do modelo – abaixo ou acima dele.

Andamos pelo mundo e não vemos esta efervescência empresarial no ramo comercial. Aliás, é até raro encontrar uma farmácia na Europa e nos Estados Unidos.

Como explicar isto? Não caberia investigar? Há algo de escuso por trás do negócio? Ou se trata de força do capitalismo, com o acirramento da concorrência como não se vê, por exemplo, no ramo de supermercados em que somos forçados a viver quase sem concorrência?

Quem tiver alguma resposta, compartilhe.

A PERTINÊNCIA DO PRÊMIO IGNOBEL (XII)

Alguns destaques da premiação de 2017

Prêmio de Física

O pesquisador Fardin recorreu à dinâmica dos fluidos para provar sua tese utilíssima – a humanidade não poderia prescindir de tal pesquisa – "Pode um gato ser ambos: um sólido e um líquido?".

Prêmio de Paz

Os pesquisadores de sobrenomes Puhan, Suarez, Lo Cascio, Zahn, Heitz e Braendli demonstraram que tocar regularmente *didjeridu* constitui tratamento eficaz para a apneia obstrutiva do sono e para o ronco.

Que diabo é *didjeridu*? Foi a pergunta que me fiz quando li isto. Fui rapidamente à Wikipédia para obter a resposta. Trata-se de antigo instrumento de sopro utilizado pelos aborígenes australianos; o som é provocado pela vibração do ar. O som é produzido pela vibração dos lábios e por outros sons que o instrumentista produz.

Prêmio de Economia

Este prêmio foi concedido aos pesquisadores de sobrenomes Rockloff e Greer. Eles fizeram experimentos com o objetivo de identificar como o contato de uma pessoa com um crocodilo (vivo) afeta sua disposição em apostar.

Um doce para quem descobrir a relação que há entre a interação de uma pessoa com um crocodilo e sua propensão a fazer apostas. O crocodilo lhe sugere algo nesse sentido? Como? Quem sabe?

Prêmio de Anatomia

O pesquisador de sobrenome Heathcote ganhou o prêmio pela pesquisa médica (de natureza explicativa) que realizou, sintetizada na pergunta:

– Por que os velhos têm orelhas grandes?

Comentário: talvez pudesse vir a ser mais um projeto de pesquisa nesta linha a constatação (por meio de fotos de crianças) feita pelo escritor e apresentador Jô Soares: ele mostrou em seu programa fotos de vários artistas, quando criança, em que sobressaia de comum das cabeças as orelhas enormes. Sua tese (que carece de comprovação, ensejando a pesquisa): a orelha é a parte que mais cedo tomará seu tamanho futuro (o da maturidade).

Segundo Jô, depois de algum tempo, ainda na infância, a orelha não mais crescerá, permanecendo com o mesmo tamanho, enquanto as outras partes crescem normalmente.

Ainda como contribuição ao pesquisador Heathcote, para seguimento de sua pesquisa, há quem diga que a orelha vai desaparecer, pois não tem utilidade. Além de apoiar as hastes dos óculos, e para carregar brincos, que outras utilidades têm as orelhas?

Há quem vá adiante e mesmo afirme que, além das orelhas, outras partes do corpo não têm utilidade ou deixaram de ter. Exemplos citados: mamilo masculino, dedo mindinho do pé, cóccix (segundo dizem, fazia sentido a existência se houvesse rabo; é um osso que vai desaparecer), pelos do corpo, a décima terceira costela, os músculos piloeretores (fazem com que os pelos se ericem;

não havendo mais pelos, ficam sem razão de ser; mesmo com os pelos, perderam função de meter medo em agressor).

Há quem aponte a proporcionalidade como indicativo para comportamento de vida para a pessoa. Como todos temos duas orelhas (para ouvir) e uma boca (para falar), isto sugere que devemos ouvir duas vezes mais que falar.

Para finalizar na linha do Didi Mocó (personagem de Renato Aragão): presume-se, pela piada recorrente, que ele não questione a utilidade das orelhas; antes, põe em dúvida a utilidade da própria cabeça; segundo o personagem, para alguns, a única função da cabeça é exatamente separar as orelhas.

Todos reconhecem que não há ciência em nada do que foi afirmado acima. Foi mais uma brincadeira em cima da pesquisa de Heathcote, que deve ter lá os seus méritos para ser tomada como investigação e, por isso, ter sido publicada. O objeto da pesquisa é o que a enquadra como merecedora, com méritos, do prêmio IgNobel de Anatomia de 2017.

Prêmio de Biologia

Este é nosso. Quatro pesquisadores da Universidade de Lavras descobriram um pênis feminino e uma vagina masculina em um inseto de caverna.

Comentário: ? (sem comentários).

Continua adiante.

MELHOR DA HISTÓRIA

E o autointitulado melhor presidente do Brasil desde o tempo das caravelas foi condenado por corrupção e lavagem de dinheiro e tem como endereço a carceragem da Polícia Federal em Curitiba. E ainda há uma penca de processos em andamento, um dos quais é o do sítio em que a condenação é certa. Como a História vai contar o caso? Ladrão de dinheiro público, ele chefiou quadrilha responsabilizada por quebrar o país, com montante desviado dos cofres públicos sem paralelo no mundo civilizado.

Em entrevista recente à Folha de S. Paulo, Fernando Haddad falou em Lula como o maior presidente que o país teve em toda a sua história. É assim que a História será contada?

DEPOIS DE TRUMP

O ex-pugilista Oscar de La Hoya disse que pretende disputar a presidência dos Estados Unidos. É a maldição aberta pelos idiotas. Quando um consegue atingir o topo, os outros se enfileiram, e perguntam:

– Se Trump conseguiu, por que eu não?

Isto aconteceu no Brasil. Depois de um idiota vem sempre outro. O outro da frase anterior é comum de dois gêneros. E na próxima eleição dois ou três desta linhagem estão no páreo.

Os idiotas estão sequiosos de pôr em prática sua idiotia, que começa com a ideia de que o prevalecente é o voluntarismo. Ele não é capaz de perceber que não basta ter vontade de fazer: ela é necessária, mas, absolutamente, não é suficiente.

E o país? Ninguém pensa no país que talvez não aguente outro idiota como presidente? Dane-se o país!

NOVELA COMO NOTÍCIA

Não acham estranho que o Globo.com e o uol.com.br contenham manchetes ao lado de notas a respeito de capítulo de novela? Vale misturar realidade com ficção? Será que ainda pensam que as pessoas não têm algo mais a fazer além de acompanhar os capítulos de novelas, cujos enredos são os mesmos sempre, pois lhes falta originalidade? Ora, se é necessário informar o que vem nos próximos capítulos, que ponham as chamadas de novelas num cantinho lá que trate de ficção na programação da tevê!

FREIO? OU ARREIO?

A candidata, comprovando que os idiotas estão cada vez mais atirados, arrojados, irreprimíveis, não aceitou ser candidata à Câmara Federal – o que seria mais conveniente para seu partido. Só lhe interessava o Senado Federal.

Ela não consegue falar uma frase composta sem titubeios, sem tatibitate. Como serão seus discursos no Senado da República? Serão como os de uma senadora da atual legislatura, representante do Piauí (quando ela discursa não há quem não caia na gargalhada pelos disparates em série que profere; para citar um exemplo: em discurso em que defendia o aborto, apontou como justificativa que era a forma de evitar que a criança viesse a ter sinusite e outras doenças que acometem as crianças)?

Voltando à candidata ao senado: autocrítica? Nenhuma! Se houvesse, ela não aceitaria que seu nome fosse cogitado para cargo no legislativo. Isto depois que ficou comprovada sua incompetência no Executivo, sendo deposta sumariamente.

O que se pode esperar de sua atuação no Legislativo – e logo na Câmara Alta – se não tem capacidade de articulação política, se avessa ao jogo político, se incapaz de formular projeto de interesse da sociedade, se incapaz de juntar meia dúzia de palavras para expressar algo com sentido?

Um mês antes da eleição, as pesquisas apontam possível vitória. Em razão disso, ela começa a dizer que vê com simpatia a Presidência do Senado.

Alguém precisa pôr um freio nesta senhora.

Alguém pode objetar, porém, dizendo que talvez o freio não seja suficiente, ou o que lhe caiba com mais propriedade ...

PÓS-ELEIÇÃO: a candidata que, por um período, parecia que se elegeria, terminou em quarto lugar. Fora do Senado!

"ELA NÃO ME PRESTIGIA, SÓ A TI"

Ouvi isto de um colega: ele achava que nossa chefa só valorizava minhas sugestões, as dele não eram consideradas.

Eu retruquei que ela trabalhava comigo há bem mais tempo que com ele; eu não fazia propostas insensatas (não estou querendo dizendo que ele as fizesse para ela – só como reforço para a posição que conquistei com o tempo); e mais: não opinava em assuntos sem base em conhecimento, não a contestava sem ter certeza que ela incorria em erro, mesmo aí o fazia com diplomacia, acatando sua posição se fosse contrária à minha, pois sabia que ela podia ter lá suas razões para tal atitude.

Falei-lhe: teu tempo de reconhecimento vai chegar. Não te martiriza com isto. Vais conquistar teu espaço no devido tempo. Faz o melhor que podes, e deixa que o tempo passe.

O HOMEM É O HOMEM E SUAS CONTRADIÇÕES (*)

O mesmo sujeito que, cioso do valor do seu trabalho, repudia com vigor qualquer uso indevido de produtos (software) de sua autoria – leia-se sem pagamento das licenças de uso respectivas – não se peja de utilizar software pirateado, como também de repassar cópias de livros (em formato pdf) para outrem sem que os autores sejam remunerados.

(*) O título parodia José Ortega y Gasset (filósofo espanhol, 1883-1955) que disse: "o homem é o homem e suas circunstâncias". Ao titular a nota, lembrei a frase do filósofo espanhol: as contradições do sujeito de que falo são suas circunstâncias, é claro.

CUIDANDO DA SILHUETA

Ela reclama que se descuidou um pouco, engordou, e foi abandonada pelos pretendentes, ninguém mais a procurava, etc. Agora, depois de ter deixado os quilos do excesso nos exercícios físicos da academia e nas dietas, sentindo-se atraente de novo, ela diz que vai dar o troco em quem a abandonou neste período.

Como ela vai dar o troco? Em quem?

HADDAD PRESIDENTE

Ficou fácil para os concorrentes fazerem a pergunta, depois da troca do candidato do PT: o país aguenta outra Dilma?

DEMISSÃO POR ABORDAR O CHEFE

Empregado do SBT é demitido por tentar abordar Sílvio Santos. Mais uma esquisitice do apresentador e empresário.

Trabalhei em empresa de construção civil em que um dos sócios também tinha esta prática: nas vistorias a obras, os empregados do canteiro não podiam dirigir-se a ele. Se o fizessem, seriam demitidos. Ele abordava quem quisesse, quando precisasse. Estranhei o comportamento, e lhe pedi que me dissesse a razão. Ele contou vários casos em que os operários se prevaleciam do fato de ele ser atencioso e prestativo.

Registro aqui um dos casos que contou para justificar sua atitude: sua esposa era dona de uma farmácia; ele permitiu que os operários da construtora comprassem medicamentos com o desconto da despesa feito só na próxima folha de pagamento. Depois de algum tempo, observou que as despesas da farmácia levavam quase todo o salário dos operários. Investigou o caso, e descobriu que eles estavam retirando medicamentos para repassar para terceiros como forma de antecipação salarial: recebiam, e ficavam com o dinheiro do vizinho para aviar sua receita. Era uma forma de o operário antecipar seu salário.

Cortou a regalia, e passou a adotar a seguinte postura: cumprir rigorosamente a lei, os contratos, as normas com os operários. Ficar no estritamente legal. Não faria mais concessão alguma, não dava nenhuma regalia para eles. Tinha chegado a essa posição (e a recomendava como a melhor forma de agir com subalternos) para não ter mais dissabores.

A VOZ É PARTE DA ESTRATÉGIA?

Aquela voz molemolente, próxima da feminina, não é estratégia de vida e de trabalho? Sim, porque foi com ela que ganhou o público e a mulher de 13 anos.

Eram outros tempos, outros valores, é verdade. Mas ainda assim, era impactante: homem de 40 com mulher de 13. Só que não se consegue apagar a história. Mesmo a própria, se há registros públicos.

Por isso, aos olhos de hoje, não parece estranho falar em estupro.

FAZ SENTIDO AGORA

Eu achava estranhas algumas atitudes do professor. Poucos anos de atuação, não era mais professor: agora se autointitulava educador. Estava educando quem? Qualquer palestrinha desimportante que ministrava merecia registro nas redes sociais. Da mesma forma, uma ida ao cinema com os filhos ou a uma festa de aniversário na família não ficava sem a foto para o Facebook.

Eu ficava a pensar: para que esta exposição? Não me dava conta das eleições próximas.

Pronto! Tudo está explicado! Vejo agora o "lançamento da candidatura à deputado" (sic). Pede o apoio dos incautos para o desafio a que se impôs.

Sucesso ao candidato!

GÂNGSTER DO DIREITO

Modos refinados, delicadeza nos gestos e nas palavras. Nada sugere que se trata de um escroque.

Convidado para o almoço, e sabendo que seria servido peixe, chega com três garrafas de vinho chileno indicado para a carne branca. Vê-se que procura passar por bom enólogo. Não perde a chance de falar da qualidade do produto importado, da safra, da procedência. Como pessoa de escol, não menciona o preço. O máximo que diz é que a produção é exclusiva, selecionada, e o produto é feito com as melhores uvas chilenas.

Interessado em comprar a empresa que o anfitrião possui, encontra-se na fase de aproximação, de convencimento, de mostrar-se como pessoa confiável, de conduta irreprochável.

É professor de direito, constitucionalista, faz questão de informar. Aduz que o contrato de compra que elaborou expressa exatamente o que o vendedor tem interesse de consignar. Não é verdade. Matreiramente, não inclui cláusula que atualize os valores de parcelas por atraso no pagamento. Nem a restituição da empresa ao vendedor caso não haja determinado número de pagamentos devidos. O anfitrião estava, embevecido, ouvindo o que gostaria de ouvir. Por causa disso, o gângster, travestido de *gentleman*, nem chegou a ser questionado. Se o fosse, a resposta já estava pronta:

– As garantias expressas eram suficientes nos termos do contrato. De mais a mais, a prática nas suas empresas é não pagar juros por atraso. Por isso, seu grupo empresarial tem crescido sustentavelmente. Como alguém poderia sugerir que ele não fosse pagar as parcelas do contrato no devido prazo?

Ninguém se dava conta no entorno do anfitrião, mas todos os ingredientes do estelionato estavam postos devidamente, e eram manejados pelo trapaceiro com maestria. Mais uma vez, ele executava com perfeição o plano do estelionato, golpe já aplicado em outros estados.

Contrato assinado, primeiros meses correm rigorosamente como planejado. Terminado o período em que as partes poderiam desistir do negócio, passou a descumprir tudo o que lhe estava imposto. E desencadeia ações para explorar ao máximo as potencialidades da empresa, inclusive com clara afronta à legislação, não só a tributária, mas a que normatiza o funcionamento do negócio da empresa.

Depois desta fase de exploração predatória, a consumação do golpe se dá quando encontra comprador para a empresa. Já há agora quem vai responder por todas as ilegalidades cometidas pelo gângster. Como aumentou consideravelmente o faturamento com as ações ilegais, o comprador está certo de que vai fazer negócio vantajoso com a aquisição.

Prevalece ao cabo o ditado: "todo dia, um espertalhão e um pateta saem de casa, e eles vão fazer negócio".

Diante de situação semelhante, acautele-se. Não faça o papel de pateta neste enredo.

MORAL DA HISTÓRIA: quando lhe aparecer uma oportunidade muito vantajosa em um negócio qualquer, aja com calma. Se o proponente exigir desenlace rápido, acautele-se. Verifique se não se trata de estelionato. Se for, ele vai pressionar para que você consuma o negócio com brevidade. O objetivo dele é não lhe dar tempo para análise mais acurada das condições da proposta e do contrato e nem que consiga fazer as verificações necessárias.

A PERTINÊNCIA DO PRÊMIO IGNOBEL (XIII)

Alguns destaques da premiação de 2017

Prêmio de Dinâmica dos Fluidos

O pesquisador de sobrenome Han mereceu o prêmio pelo seu estudo de dinâmica de um líquido. Seu objetivo era saber o que ocorre quando uma pessoa caminha para trás, carregando uma xícara de café.

Prêmio de Nutrição

Não temos ainda nenhum prêmio Nobel, mas este é o segundo Ig-Nobel. Outro prêmio brasileiro. Três pesquisadores da Universidade Federal de Pernambuco mereceram o prêmio pelo trabalho científico intitulado "Sangue humano na dieta do morcego-vampiro-de-perna-peluda".

Prêmio de Nutrição

Não é comum dois prêmios para a mesma área, mas aconteceu em 2017. Os pesquisadores de sobrenomes Royet, Meunier, Torquet, Mouly e Jiang fizeram jus ao prêmio por avaliarem, usando tecnologias avançadas de escaneamento cerebral, quão algumas pessoas ficam enojadas com queijo.

Prêmio de Cognição

Os pesquisadores de sobrenome Martini, Bufalari, Stazi e Aglioti ganharam o prêmio pela demonstração de que muitos gêmeos idênticos não podem se distinguir a si mesmos visualmente. O título do estudo foi "Esse sou eu ou meu irmão gêmeo? A desvantagem da falta de autorreconhecimento da face em gêmeos idênticos".

Prêmio de Obstetrícia

Os pesquisadores de sobrenomes López-Teijón, García-Faura, Prats-Galino e Aniorte ganharam o prêmio pelo estudo intitulado "Expressão facial do feto em resposta à emissão intravaginal de música". Na pesquisa, eles demonstraram que um feto humano em desenvolvimento reage mais fortemente à música tocada eletronicamente dentro da vagina da mãe do que quando é tocada eletromecanicamente na sua barriga.

A COLA NA ESCOLA

Há uma frase de Hamilton Werneck (pedagogo, professor, conferencista, escritor) de que gosto muito. Foi responsável por eu passar a fazer prova com consulta. Ou seja, minhas provas são individuais e com consulta a tudo o que estudante julgar apropriado. Não há preocupação com a memorização; as questões todas são subjetivas, cujas respostas não são encontráveis no Google ou no livro-texto. Com a decisão, fiquei livre do ritual de arrumar a sala antes de provas, enfileirando carteiras, dispondo-as distantes uma das outras, para evitar a cola. Mas ainda vejo muito isto por aí. E rio, lembrando quando fazia assim.

Werneck é autor de 26 livros, um dos quais é "Se você finge que ensina, eu finjo que aprendo", 26ª edição, lançado em 1993 pela Editora Vozes. Do título da obra extrai-se o "pacto da mediocridade", firmado em muitas salas de aula, sem palavras explícitas: o professor não ensina, mas como não cobra aprendizagem (todos são aprovados), o estudante às vezes adere, não reclamando de não aprender nada ou quase nada, principalmente quando se trata de disciplina que ele julga que não seja tão importante para sua carreira profissional. O aluno sabe que – estabelecido o pacto informalmente, como convém às partes – não vai aprender nada mesmo, mas como não vai precisar estudar, poderá usar o tempo para dedicar-se às outras disciplinas.

A frase de Werneck: "A única coisa criativa na sala de aula é a cola". Refletindo a respeito dela: é uma paulada na forma como damos aula, à la Comenius ainda, de quando ele lançou sua obra "Didática Magna", em 1632. Ou antes: por que não remonta à época da "didática difusa" da Grécia Antiga?

Algum professor pode afirmar:

– Opa! Eu sou moderno. Eu uso computador, projetor, slides!

Eu rio novamente, pois nada mudou além do recurso à tecnologia. Nada difere muito de Comenius e da aula socrática.

Para não ir secamente ao ponto que tinha interesse em abordar nesta nota, acabei fazendo uma digressão, sem me afastar tanto do assunto que me movia – meu interesse é falar de cola. Voltando a ele. Os jornais de hoje trazem a foto da mão esquerda do candidato do PSL (Partido Social Liberal) Jair Bolsonaro com o registro em caneta azul de sua cola no debate de candidatos a presidente da República de ontem na Rede TV (17/08/2018). O candidato escreveu: "Pesquisa", "Armas" e "Lula". Ele iria dar uma resposta em seguida, e não queira esquecer os pontos a abordar.

É possível escrever um tratado a respeito desta cola, da necessidade dela. São três palavras, somente. Imagine se o candidato tivesse dez tópicos a tratar; a mão direita também seria necessária.

Pela necessidade da cola, podemos analisar o candidato, sua memória, suas limitações, suas fixações.

O leitor que me acompanhou até aqui tire suas conclusões. O papel que me imponho nestes escritos limita-se a contar casos, a fazer perguntas, a buscar ângulos diferentes para olhar os fatos ou a informar como os vi, a ironizar comportamentos. Até os meus. Com relação às conclusões, espero que o leitor as extraia.

A PERTINÊNCIA DO PRÊMIO IGNOBEL (XIV)

Alguns destaques da premiação de 2018

Prêmio de Limpeza

Três pesquisadores portugueses ganharam o prêmio por conseguirem medir a eficácia da saliva como agente de limpeza de superfícies sujas.

Meu comentário: sem acesso ao artigo da pesquisa não dá para saber como os pesquisadores faziam a coleta de saliva. Houve alguma situação em que aplicaram a própria língua diretamente sobre a superfície suja? Se o fizeram, foi porque eles levaram em conta o princípio de que tudo se faz pela Ciência.

Prêmio de Nutrição

Um pesquisador britânico ganhou o prêmio por ter feito o cálculo de que em seres humanos a ingestão calórica de uma dieta canibal é significativamente menor do que aquela obtida por meio de dietas carnívoras tradicionais.

Meu comentário: sem o texto do artigo ficamos sem saber se o pesquisador fez algum experimento; se ele fez, como conseguiu a amostra humana.

Prêmio de Enologia

Equipe de pesquisadores de quatro países (Colômbia, Suécia, Alemanha e Suíça) recebeu o prêmio por conseguirem demonstrar que enólogos são capazes de identificar, com segurança, a presença de uma única mosca numa taça da bebida.

Continua adiante.

QUANTO TOSCO SE PODE SER

Vendo atitudes que hoje qualifico (aos 63) de toscas, lembro que muitos anos atrás eram coisas corriqueiras no meu cotidiano. Por aí, avalio quão grosseiro eu era. Não quero dizer com isso que deixei de ser. Só que sou bem menos hoje.

Por exemplo, vejo alguém insurgir-se contra posição política de outrem duramente. Existe coisa mais desprimorosa, mais rude, mais grosseira? A pessoa pode defender seja lá o que for: ela é a única responsável pelas suas escolhas. O mesmo se pode dizer da opção religiosa. Que posso dizer de alguém que é ateu, ou que pratica algum credo religioso que não é o meu? Ora, novamente, as pessoas fazem suas escolhas, e ninguém tem nada a ver com isso. Como posso eu criticar alguém por suas escolhas, quaisquer que sejam?

Desse modo, creio que se possa medir a elegância, a fineza, a polidez, o refinamento, a cultura de alguém pela forma como aceita as posições dos outros.

FORMAS DE LEVAR A VIDA

Enquanto o irmão (um ano mais velho) pena em cargo em que o estresse é constante pelas cobranças de resultados e pela inexistência de recursos que permitam que sejam alcançados, sem tempo para mais nada, ele, no meio da manhã, está a ouvir brega, som alto, audível no outro lado rua, por onde eu passava, e parei ocasionalmente para conversar com um amigo.

Vê-se que faz seu desjejum. Entre uma colherada e outra, entre um gole e outro, ele para para apreciar a natureza, ora uma flor desabrochando no vaso defronte, ora o esplendor do céu azulado e com poucas nuvens. Depois, corta lentamente o bife do pratinho.

Na caixa de som, vem em seguida um merengue, após uma lambada, depois um melô das galeras de aparelhagem, infindável, e antes de voltar ao brega escrachado, uma música que mais parecia o barulho de um bate-estaca.

SINAL DE DECREPITUDE

Já passou o tempo de Sílvio Santos, por bom senso, ir para casa. Por ser dono do negócio, ainda não foi empurrado para o descanso obrigatório depois de tanto trabalho dedicado. As filhas não se sentem bem em dizer-lhe que é hora de parar.

Enquanto isso, as inconveniências se sucedem. Ora, sendo deselegante com convidados dos programas, ora fazendo convites inoportunos para suas colaboradoras, ora dizendo que uma das filhas faz pouco e ganha muito. Pela idade e pela posição, concedem-lhe desconto em tudo que faz e diz. Como disse, não fosse o dono da rede de televisão, já teria sido mandado embora. Já que quer manter-se em atividade, não faltam papéis que possa desempenhar.

Vai para casa, Sílvio! Reconhece os ciclos naturais da vida!

CONTRA UMA EX-MULHER

Contra uma ex-mulher, é melhor ficar calado. É deselegante qualquer palavra, ainda mais se não for de elogio. Ainda mais em público. Mesmo que a referência não seja explícita.

CONTRA UM EX-MARIDO

Contra um ex-marido, um ex-companheiro, é melhor ficar calado. É deselegante qualquer palavra, ainda mais se não for de elogio.

LANÇAMENTO DE CANDIDATURA

Hoje (04/08/2018) foi lançada a candidatura do ex-presidente Lula a presidente nas eleições de 2018.

Ausente à convenção por estar preso em Curitiba condenado em segunda instância por corrupção e lavagem de dinheiro, o candidato enviou carta aos convencionais.

"Nunca antes na história deste país", e em qualquer outro no mundo, um candidato submeteu seu partido a tal despropósito. Não consta que alguém tenha reclamado da situação.

É digno de riso este lançamento. Foi a minha reação. Ciro Gomes, candidato do PSB, preferiu dizer que o PT empreende verdadeira "viagem lisérgica". Entenda aí a expressão como viagem alucinatória ou alucinógena (que causa alucinação).

COMO ELA ERA ...

Avançada para o seu tempo. Morava só. Bem empregada, aparentemente dinheiro não era seu problema. O que ganhava era para seu luxo pessoal: carro, roupas, viagens.

Se calculado – à razão de dois ou três namorados diferentes por semana que trazia para almoçar ou para dormir em casa – tinha chegado a algo entre três a quatro centenas no tempo que ocupava o apartamento, segundo uma vizinha mexeriqueira.

Em conversa com seu irmão, ele me deixou escapar como a via: "aquela puta". E evitou qualquer outra menção a ela.

Talvez ela valorizasse naquela época o sexo casual quando ainda não havia tantas que o adotavam com frequência.

Um sinal de que havia par novo era dado pela mudança no tipo de música que se ouvia provindo do apartamento, por horas e horas, como fundo musical para o que ocorria lá dentro. Ora, o coirão era apreciador de bossa nova; outro preferia o tropicalismo; outro era amante do rock and roll dos Beatles; outro, mais novo, esportista, ouvia heavy metal; um, jazz; um fumante, que jogava as guimbas pela janela, ficava com o reggae do Bob Marley. Um com a formalidade do terno completo, recebido na hora do almoço, preferia música clássica; então a música talvez a embalar a relação, Chopin, Beethoven e Bach. Mas houve dia de quem preferisse Axé Music.

FALTA OPÇÃO MELHOR

Na propaganda de Fernando Haddad na rede, há quatro referências do currículo do candidato. A respeito da passagem pela Prefeitura de São Paulo, há menção a ter recebido prêmio da ONU. Não cita a que o prêmio foi devido.

Não há citação também ao fato de que, pela primeira vez, o eleito, João Dória, venceu no primeiro turno. E o prefeito foi candidato a reeleição. De onde se pode deduzir que a população não viu méritos no mandato do prefeito para mantê-lo no cargo.

PARA QUEM FAZ

Fique sabendo que fazer algo de diferente, não acomodar-se, ser propositivo, inovador, vai incomodar muita gente que não quer que ninguém se destaque. É assim o gênero humano. E se você fizer algum sucesso com algo que tenha realizado então! É uma afronta para essas pessoas.

Não espere aceitação: elas nunca reconhecerão seus méritos, apenas terão olhos para seus erros. Vão tentar criar obstáculos.

Que fazer? Seguir adiante, ignorando estas reações incompreensíveis, superando-as. Como? Fazendo ainda mais, além do que lhe é devido. Você pode retrucar:

– Mas, assim vai haver mais reação ainda.

É, vai. Só que no fim você terá o trabalho realizado. Ninguém pode tirar-lhe o que tiver feito.

ADMINISTRAÇÃO DE CLUBES

O fato de os clubes serem dirigidos por torcedores é o motivo por que tantos vivem tão mal financeiramente.

Como se pode medir o resultado de uma administração de clubes? É certo que não interessa para os torcedores que no fim de uma temporada haja lucro, mas nenhum título para comemorar.

Se o clube quebra financeiramente, o que vai ocorrer na próxima temporada? Possível endividamento para pagar salários, prêmios, novas contratações. Problemas: valores dos contratos, contratos mal elaborados, inexperiência gerencial, entrada de novos jogadores nos times sem treinos, etc. Planejamento falho: troca constante de treinadores, em que a demissão traz como agravante a pesada multa a que se sujeitam os clubes ao assinar os contratos; o mesmo ocorre com os jogadores.

"NÃO PRETENDO MORRER NEM COGITO RENUNCIAR"

Frase pronunciada por candidato a presidente, no momento entregue ao sistema prisional do país.

A quantidade de bobagens pronunciadas tem escala industrial. E, ao que parece, a capacidade instalada é para bem mais.

A capacidade mencionada acima é de ignorância, que leva às bobagens em série.

Todos têm direito à sua cota. Uma aqui, outra ali. Não precisa e nem costuma ser em escala industrial.

LIDERANÇA

Muito engraçada a foto do líder do MST (Movimento dos Trabalhadores Rurais Sem Terra), Pedro Stédile, sozinho, acomodado no salão VIP do aeroporto, esperando seu voo para Brasília, degustando algo, sem pressa, enquanto manuseia uns papéis. A viagem à capital federal é para a entrega do registro da candidatura do ex-presidente Lula ao TSE (Tribunal Superior Eleitoral).

Em evento anterior, prudentemente ficando de fora, ele havia designado alguns companheiros em nome do movimento para enfrentarem uma "greve de fome" em frente ao STF pela soltura do preso ilustre. Pela silhueta saliente da região abdominal do líder, vê-se que ele cuida bem da sua fome.

Voltando à viagem. Enquanto ele faz o percurso por via aérea, os liderados o fazem por via de superfície. A pé!

UM GRANDE EMPREENDEDOR

Tive contato com um dos maiores empreendedores do Pará morto em acidente com a queda de avião em uma de suas fazendas, no dia 25/01/2010.

O Governo do Estado o homenageou atribuindo seu nome ao Terminal Hidroviário de Belém: Luiz Rebelo Neto.

Nas raras ocasiões em que participei de reunião com ele, pude perceber o tirocínio, o brilho e a objetividade das suas manifestações. Rapidez de raciocínio, sabedoria meio intuitiva. Era difícil contraditá-lo com sucesso, pois seus contra-argumentos eram irretorquíveis. Não tinha formação superior.

Aliás, ele comentava este fato: não tinha curso superior, mas empregava muitos com títulos de pós-graduação. Até dizia que não conseguia compreender como estas pessoas, com o conhecimento técnico que dispunham, não empreendessem, não tivessem negócio próprio, preferissem ser empregados.

Uma das características do empreendedor via-se nele plenamente: o tino empresarial, a percepção de oportunidades que ninguém conseguia ver, a capacidade de estruturar um negócio rentável, sustentável, partindo da ideia. Quando consolidado o negócio, rapidamente redirecionava sua atenção para outra área.

Apesar da pequena interação, aprendi muito com ele: a habilidade de enxergar oportunidades de negócio antes dos concorrentes, a capacidade de desfazer-se de um empreendimento no momento certo, evitando perder os investimentos feitos. Com base neste aprendizado, passei a adotar uma questão de prova que entrego para os alunos no primeiro dia de aula de Empreendedorismo: exatamente a análise a ser feita pelo empreendedor para descobrir o momento certo de desfazer-se de um negócio e partir para outro mais atrativo. As respostas óbvias – mas insuficientes – são quando se percebe que o faturamento é declinante, a despeito dos esforços para mantê-lo ou aumentá-lo; todas as possibilidades de redução de custos já foram consideradas; a conquista de mais clientes esbarra em concorrência acirrada na área de atuação da empresa. Há que se considerar o investimento feito; a depreciação natural dos bens da empresa pode dar-se em escala superior à sua própria lucratividade, exigindo ação imediata com relação à operação da empresa. A questão é preservar ao máximo o investimento feito.

Pegou a empresa pequena criada pelo pai no ramo do transporte marítimo, e transformou-a em grupo empresarial forte, com filiais em São Paulo, no Rio de Janeiro, em Manaus, em Goiânia. Além do transporte marítimo, passou a atuar no transporte rodoviário. Outros negócios: estaleiro para reparos e construção de balsas e barcos, transporte de combustíveis, agência de viagens, fazenda na ilha Mexiana, situada na foz do Rio Amazonas (costa do município de Chaves, no Pará) que funcionava como hotel e utilizada também para pesca e para criação de pirarucu para exportação.

A trajetória foi interrompida de maneira trágica para a família, que dependia da sua capacidade empreendedora, e para o estado do Pará, que perdeu um filho cuja capacidade de realização era de tal ordem que é difícil que apareça alguém que ocupe a lacuna deixada.

JUSTIÇA SE LHE FAÇA

Vi um vídeo com a volta da ex-presidente Dilma Rousseff, agora na condição de – vejam só! – candidata ao senado pelo estado de Minas Gerais.

No discurso, vê-se que a ex-presidente, por mais que se esforce, não consegue expressar um pensamento que minimamente faça sentido.

Ela começa a dizer algo, no meio da frase percebe que escolheu palavra inapropriada, tenta corrigir, não consegue. Na tentativa de consertar, acaba por fazer com que o fio condutor do pensamento se perca completamente. Eu deveria ter reproduzido o tatibitate para verificarem que não estou inventando. A expressão do rosto é de desalento, desamparo, acabrunhamento, algo como: "o que estou fazendo aqui?", "o que eu estava dizendo mesmo?", "quem são vocês?", "por que estou falando para vocês?", "que planeta é este?".

Justiça se lhe faça: as férias forçadas não foram capazes de dar sentido para suas palavras. Ou – quem sabe? – nós perdemos a capacidade de compreender.

Senado Federal do Brasil: não sabes o que te espera!

O que o outro disse em sua resposta no jornal americano faz sentido: o país merece respeito!

P. S.: a nota foi escrita antes do primeiro turno das eleições de 2018; a candidata ao Senado por Minas Gerais, Dilma Rousseff, por um período ocupou o primeiro lugar nas prévias, acabou em quarto lugar; havia duas vagas em disputa.

A MATÉRIA É BOA; O TÍTULO, IMPRESTÁVEL

Vou aqui desagradar colega com este assunto, mais uma vez, ele, bebedor contumaz de refrigerantes, e que não aceita que haja malefício no costume de ingerir o líquido adocicado como se água fosse.

Também ele não aceita que, se é processado industrialmente, o alimento (ou suposto alimento) não é apropriado para a saúde humana. Não reconhece que a industrialização no ramo de alimentos é a origem de grande parte dos males com que hoje temos que nos debater, e com os quais nossos ancestrais não sofriam.

Título de texto jornalístico atribuído por um editor: "Conheça sete razões para não tomar refrigerantes todos os dias". Até pelo que a matéria apresenta deveria ser: "Conheça sete razões para não tomar refrigerantes NUNCA MAIS". Percebe-se que o título não foi dado pelo redator da matéria, pois não deixa explícito que os malefícios são de tal ordem que não se deveria beber nunca. O título sugere que é aceitável tomar de vez em quando, sem problemas.

CANDIDATOS A CARGO POLÍTICO

Antes de Collor se tornar presidente, e depois de tudo o que lhe aconteceu, com o impeachment, ficou clara a razão de muitos se candidatarem: mesmo perdendo a eleição, ainda há as sobras de campanha, de modo que o candidato, vença ou perca, sai ganhando.

Há o fundo eleitoral que o partido destina à campanha; há o que o candidato arrecada de simpatizantes. O que sobra no fim de tudo ele embolsa. Fica explicado por que tantos políticos profissionais, mesmo sem chances, querem candidatar-se, sempre.

CORRUPÇÃO EM TODO LUGAR

Colega que assumiu a presidência da associação de funcionários mandou auditar as contas do antecessor. Encontrou, dentre outras irregularidades, fatura de um poço na sede que lhe chamou a atenção. Pelo preço pago, era obra de perfuração para bater no Japão.

PERTO DO NECROLÓGIO

Você começa a perceber mais fortemente que o tempo andou, e andou depressa, quando pega uma foto antiga em que apareça e precisa identificar os remanescentes. É duro de aceitar: às vezes, são poucos.

Uma confissão: recebo e-mails da Universidade informando os falecimentos do dia. Nem todos os dias há algum. Corro para abrir e ver se não consta o meu nome.

O QUE FAZER COM OS LIMÕES DA VIDA

Tenho refletido que alguns dissabores naturais da vida têm-me servido para alcançar o inimaginável, o impensável, o imprevisto. O ditado do senso comum diz para, se a vida nos der um limão, é natural daí fazer uma limonada em vez de simplesmente jogar fora o fruto que a vida nos deu ou que restou de alguma situação. Mesmo não sendo o que era nosso desejo, afinal foi o que ficou. Como ir mais alto a partir deste ponto? Esta é a questão. Depois, é só resolvê-la.

Lembro a história de um colega que encontrou como forma de tratar o baque de um divórcio imprevisto, desarquivando um projeto acalentado há tempo: obter o título de doutor. Com o afinco com que se dedicou à tarefa, foi recompensado duplamente: esqueceu o infortúnio que precisava apagar da mente, e obteve o título em tempo recorde. É o que comentei de ir mais alto depois de ter caído, e ter que se levantar do chão.

Em várias situações encarei os reveses desta maneira. É certo que no início amarguei o dissabor – o gosto não é bom, é acre, com frequência, até acérrimo. Enquanto convivia com ele, me vem a ideia de tomar aquilo como ponto de partida para algo bem maior. E, assim, eu vou em frente, realizando!

Parado, só quando reservo instantes para ver os passarinhos que vêm alimentar-se na sacada de casa, do alvorecer até o pôr do sol.

VIDA POLICRÔNICA

Meu método de trabalho é não ter método. Seguir um pouco ao acaso, fugindo dos scripts, com a disposição de momento. Para isso, há muitos projetos iniciados – alguns em quarentena, outros paralisados por alguma razão – esperando uma decisão ou uma informação – para poder prosseguir.

No dia em que redigi esta nota eu acordei, e tinha três livros em andamento; fui dormir no fim da noite, e passaram a ser seis. Entre o acordar às seis da manhã e o dormir às vinte e três horas, três outros se tornaram inadiáveis. Não os tinha como tal no dia anterior, mas as reflexões dos últimos dias me fizeram convergir para a melhor decisão tomada: em vez de fazer as parcerias que eu havia cogitado, decidi fazer tudo sozinho.

Tenho preferido trabalhar com parceiros, mas, às vezes, não é possível; estes estão ocupados ou têm seus próprios planos. Nada a fazer, então. Neste caso particular a que me refiro observei que ficou melhor assim, considerando o fator tempo. Foi apreciavelmente mais rápido o desfecho do trabalho envolvido por depender só de mim. Pago um preço, porém: a qualidade provavelmente seria maior com a parceria.

P. S.: [1] a nota foi escrita um mês e meio antes de eu decidir trabalhar nos livros "Elementos de Didática da Matemática", "Elementos de Didática da Física" e "Elementos de Didática das Ciências Naturais", tendo como base o livro "Elementos de Didática da Computação", lançado em julho/2018. Hoje os três livros estão prontos; aguardo somente o envio, pela Biblioteca Nacional, dos ISBNs respectivos para liberar para as plataformas de venda de livros digitais.

[2] O título da nota acima vem a propósito do que escrevi em meu livro "Outros Casos e Percepções", publicado em julho/2018. Reproduzo esta nota abaixo:

MONOCRÔNICAS E POLICRÔNICAS

Encontrei no livro Como se faz uma tese (27ª ed. São Paulo: Perspectiva, 2007), de Umberto Eco [1932-2016] (escritor italiano, professor universitário, crítico literário, filósofo, semiólogo e linguista), uma classificação interessante de pessoas. Segundo Eco, existem as pessoas monocrônicas – aquelas que só trabalham bem quando começam e acabam uma coisa por vez; são pessoas metódicas, mas, às vezes, fantasiam de forma limitada. As pessoas policrônicas, ao contrário, só trabalham bem quando conduzem várias atividades concomitantemente e, se se concentrarem numa delas, tornam-se opressas e entediam-se. São pessoas mais criativas; não raro, são atabalhoadas e inconstantes.

Na interação com jovens, percebemos que eles são, em sua maioria, pessoas policrônicas: sentem-se confortáveis de fazer muitas coisas ao mesmo tempo.

Como escritor, percebo que tenho este toque policrônico: estou sempre com vários textos em andamento; quando um me enfada ou esbarro em algo que exija reflexão ou alguma pesquisa ou quando a intenção é deixar em quarentena para reanálise depois, retomo outro texto cuja redação tinha interrompido. Confirmando o que mencionei: estou escrevendo no momento três livros.

MOTOQUEIROS E BUZINA

Ruy Castro escreveu uma crônica em que destaca o que observou em São Paulo: o número enorme em relação ao existente no Rio de Janeiro e a mania de buzinar a toda hora.

Há algum tempo eu tinha percebido a mania da buzina por qualquer motivo – talvez para precaver-se de algo, avisando os circunstantes de que estão ali. Uma coisa que está na origem de tanto bip-bip da buzina não foi notada pelo cronista da **Folha de S. Paulo**: como andam em velocidade exagerada, precisam acionar a buzina preventivamente: é a única forma de impedir que se envolvam em mais acidentes. E olhem que eles são os causadores da maior parte dos acidentes. E a decorrência é o excesso de velocidade. E o desrespeito às regras: ultrapassagem pela direita, trafegar na contramão, avanço de sinal vermelho.

Já perguntei a um amigo, oficial da reserva do Exército, motoqueiro por necessidade por muitos anos no início da sua carreira: ele me disse que não tem como andar de moto e não disparar: o prazer do vento no rosto ou no capacete é mais forte, e justificador da irracionalidade.

O PT ESTÁ MAL MESMO

Se Fernando Haddad era a melhor alternativa para a campanha presidencial de 2018 para substituir o líder preso, a escolha mostrou-se errada. Já na administração da prefeitura de São Paulo ele mostrou que gerenciar não é o seu forte: saiu como o pior prefeito da cidade, fez muito menos do que prometeu na campanha, o que o levou a perder a reeleição no primeiro turno. Feito jamais conseguido por outro prefeito da capital do estado.

Na passagem pelo MEC, sua gestão foi marcada por decisões questionáveis: prioridades erradas, só depois de várias tentativas conseguiu fazer o ENEM sem fraudes. O preço de suas iniciativas ainda está para ser pago pelo país: rombo enorme no FIES.

É marca do PT o voluntarismo: a decisão de fazer algo é tomada sem pesar os custos envolvidos. O fato de o presidente não ter curso superior o fez incentivar a instalação de universidades sem recursos apropriados, deixando de lado o investimento na Educação Básica, requerida pelo país há tempo. Deduzo o que foi afirmado a partir do que o ex-presidente falou em seus discursos: o presidente sem curso superior foi o que mais criou universidades. Como socialista, o PT fez no poder o que não esperaria de tal condição: privilegiar a elite em detrimento da base da pirâmide educacional.

Ora, as decisões não podem ser tomadas assim. É prova cabal de primarismo e falta de senso de realidade: não há recursos para tudo, as prioridades precisam ser bem pensadas e bem-estabelecidas.

É MELHOR FICAR CALADO

Quando não se sabe o que fazer, é melhor não fazer nada. Vale o mesmo para o que dizer. Permanecer calado é a melhor posição quando não se tem nada para dizer.

O presidente do STF, Dias Toffoli, em entrevista no dia do segundo turno, disse que o "futuro presidente deve respeitar a Constituição". Ele acrescentou, como grande conselheiro Acácio que é: o vencedor "deve respeitar as instituições, deve respeitar a democracia, o Estado democrático de direito, o poder Judiciário, o Congresso Nacional e o Poder Legislativo".

Preclaro conselheiro, quem disse o contrário? Por que falar o óbvio? Não havia nada mais a dizer?

A PERTINÊNCIA DO PRÊMIO IGNOBEL (XV)

Alguns destaques da premiação de 2018

Prêmio de Condução de Veículo

Equipe de pesquisadores colombianos e espanhóis ganhou o prêmio por medirem a frequência, e estudarem as motivações e os efeitos de gritar e xingar enquanto se dirige um automóvel.

Prêmio de Desobstrução dos Rins

Dois americanos ganharam o prêmio pelo estudo em que usaram passeios de montanha-russa para acelerar a passagem de pedras nos rins. Com base em uma amostra de sessenta pacientes, eles concluíram que a montanha-russa ajuda no processo, sobretudo se o paciente sentar-se nos vagões traseiros.

Prêmio de Inutilidade Total

Equipe de pesquisadores de quatro países (Austrália, Sérvia, Reino Unido e El Salvador) ganhou o prêmio pelo estudo que concluiu que a maioria das pessoas que utiliza artefatos tecnológicos (computador, câmera digital e celular) não lê o manual de instruções nem utiliza todas as facilidades disponíveis.

NA ESCADA

Enquanto tentava trocar uma lâmpada, uma colega caiu da escada e teve a perna quebrada em dois pontos, pela fragilidade dos ossos. Até então ela não sabia que tinha osteoporose.

Como é casada com colega de mesma profissão, claro, não se perdeu no trabalho a chance para a frase ambígua:

– Mais cuidado, fulana! Você não deve mais trepar na escada!

ADEGA DO SÍTIO

Vendo o depoimento do empresário Fernando Bittar, suposto proprietário do sítio de Atibaia, que o Ministério Público Federal afirma que pertence ao ex-presidente Lula. No depoimento à juíza federal, Gabriela Hardt (sucessora de Sérgio Moro na Lava Jato), Bittar afirmou que deu autorização para D. Mariza mandar construir um anexo para armazenar o que seria trazido de Brasília.

Um quarto de empregada foi adaptado para acomodar a adega do ex-presidente, com o carregamento trazido da capital federal de garrafas de vinho, de uísque e outras bebidas. Foram necessários onze caminhões para trazer toda a mudança do ex-presidente.

Os leitores imaginam o que pensei a respeito da origem deste suprimento de bebida?

VIAGEM RIO-SÃO PAULO-RIO DE LAND ROVER

Morava no Rio, na época de PUC/RJ, no mestrado em Informática. A intenção era participar de congresso científico na cidade de São Paulo. O coordenador do curso, Michael Stanton, professor inglês, pertencente ao quadro do Departamento de Informática, ofereceu carona em seu jipe Land Rover, que ele havia trazido da Inglaterra, para desbravar o Brasil. Quando ainda era raro encontrar carros importados.

Ninguém reparava para o desconforto do utilitário de quase quatro décadas atrás para enfrentar a Via Dutra. Bancos nada macios. Tudo, aventura e diversão.

No início do curso, depois de saber quais disciplinas tinha que fazer, eu procurei o professor Stanton, tentando liberação de algumas por dominar o conteúdo e, assim, poder avançar para o período seguinte.

Resposta dura do coordenador, que me fez ver quão imprudente eu tinha sido com meu pedido, e, por causa dela, passei a dar importância a iniciar projetos pessoais e a jamais deixar de finalizá-los, para não dar margem a contestação por inconstância (eu havia trocado a engenharia pela computação pouco depois da entrada pelo vestibular):

– De acordo com seu currículo, você abandonou seu curso de engenharia elétrica; ficamos em dúvida se devíamos aceitá-lo no programa de pós-graduação. Por isso, nego o requerimento. Espero que vá até o fim do curso!

MAIS UMA MARCA DO ATRASO

Enquanto a Suíça tem quatro estatais, a Austrália e o Japão têm oito, o Brasil é o país líder entre as 36 nações da Organização para a Cooperação e Desenvolvimento Econômico (OCDE), com 418 estatais. A Hungria, país bem menor em população e desenvolvimento econômico, vem perto, com 370.

Recorrendo à ironia: temos uma boa dianteira, não há risco de algum país ultrapassar o Brasil como o detentor de maior número de estatais. Este é um traço do estágio de desenvolvimento econômico de um país. Já é saber ou conhecimento convencional (basta olhar o ranking da OCDE neste quesito): quanto mais estatais, mais sujeito à instabilidade econômica está o país.

Outros países no ranking: Estados Unidos e Reino Unido têm 16 estatais; a Itália, 20.

Por que os políticos gostam tanto de estatais? Como eles as controlam (designam como gestores seus prepostos, incumbidos de fazer toda sorte de corrupção que beneficie quem fez a indicação), as estatais atendem seus interesses. Os interesses da população, estes são deixados de lado.

O governo Bolsonaro anuncia que mudará a posição do país no ranking: vai atuar fortemente na privatização. Será?

CIÊNCIA DA REALIDADE

Frase de Dias Toffoli, presidente do Supremo Tribunal Federal:

– "Garotos" de 25 anos se tornam juízes sem conhecimento da realidade.

Genuína imprudência do presidente do STF, pois ele não é referência a respeito da melhor forma de tornar-se juiz, mesmo que fosse para a primeira instância que é por onde a carreira começa.

Quanto a ter credenciais para o cargo, aí mesmo é que Dias Toffoli deveria ficar caladinho: seu currículo não o credenciava para o cargo de ministro do STF quando ele foi indicado pelo ex-presidente Lula, sua reprovação em concurso para juiz no início da carreira era motivo para rejeição de seu nome pelo Senado, não tinha "notório saber jurídico", nem mesmo mestrado na área do Direito e só foi indicado por ter sido advogado do PT. Para o jornalista Josias de Souza (Uol, Política, 06/11/2018), Toffoli "compõe a turma dos adeptos da política de celas vazias".

Há quem diga que a indicação se deveu à pressão do PT para ter gente aliada na Corte, já que o processo criminal do Mensalão, iniciado em 2007, iria a julgamento. Toffoli virou ministro em outubro de 2009. No julgamento, ocorrido em 2012, ele não se considerou impedido pela vinculação anterior ao PT, apesar de cobrado neste sentido por segmentos da sociedade.

Este último ponto era o seu requisito de "conhecimento da realidade" que ele alega que os "garotos" de 25 anos não têm?

É PROIBIDO MUDAR DE OPINIÃO?

Cada argumento que nos apresentam!

A aceitação pelo juiz federal, Sérgio Moro, do convite para assumir o Ministério da Justiça do governo Bolsonaro possibilitou que argumentos diversos, contrários, veementes, fossem apresentados por adeptos da corrente contrária ao presidente eleito. Um representante deste segmento recorreu até à entrevista que o juiz deu ao Estadão em 2016 como argumento contrário, em que ele dizia que jamais entraria para a política. Se ele disse dois anos atrás que não entraria para a política, como agora aceita o cargo?

A decisão do juiz deve ser enaltecida: trata-se de desafio que exige coragem, desprendimento, amor ao trabalho, impõe exposição, respostas rápidas para a questão da segurança pública, ainda mais com a incumbência explícita de diminuir também a corrupção no Brasil. Tratar o convite para o ministério como recompensa pelo trabalho executado pelo juiz na Lava Jato de encarcerar o ex-presidente Lula e os tesoureiros do partido é só exemplo da cretinice a que estão sujeitas as pessoas de bem que ocupam funções públicas.

Mas parece que Sérgio Moro é imune e mouco a este tipo de acusação: faz corretamente o que lhe cabe, restringe-se a isto rigorosamente, e segue adiante em sua missão heroica.

Para outros, a aceitação do cargo, colocava em suspeição toda a operação Lava Jato, e até mesmo a condenação a nove anos e seis meses de prisão do ex-presidente Lula, como se o que levou o petista à cadeia não tivesse sido a fieira de crimes cometidos; o mesmo vale para todos os líderes petistas enjaulados. E mais: como se não houvesse a segunda instância que, não só confirmou a condenação, como a ampliou para doze anos e um mês, já que a pena de primeira instância foi avaliada pela corte superior (TRF4) como tendo ficado aquém do que era justo.

Ora, o juiz que disse que jamais entraria para a política, dois anos depois, necessariamente, teria que manter esta posição? Certamente, não. Mesmo que ele, no dia seguinte ao da entrevista, mudasse sua decisão, que mal haveria? Basta uma noite para refletir, e decidir por caminho diferente ao acordar. Não é assim com todos?

E, com relação ao seu trabalho como juiz da Lava Jato, que há a opor, se a instância seguinte sempre pode reformar as decisões caso a sentença proferida não satisfaça a corte?

Vê-se que os argumentos são frágeis, inconsistentes, apresentados sem o necessário recurso que deveria anteceder qualquer decisão: a reflexão. Por isso, descabidos, facilmente contestados.

RECONHECIDO COMO ESCRITOR PELO NOME

Não havia acontecido isto comigo. Ao votar no segundo turno, em que ajudei a enterrar uma quadrilha de salteadores dos dinheiros públicos, fui reconhecido como autor de livro infantil pela mesária que me entregou o comprovante de votação. Ao localizar meu nome na listagem, ela me perguntou se eu era escritor.

Eu não a conhecia. Ela afirmou que é professora da educação básica, e me disse que utiliza um de meus livros infantis nas suas aulas.

Valeu ter escrito a historinha da "Tartaruga Sapeca"!

Relembrando o episódio que me levou à escrita deste livrinho: em uma visita à casa de minha mãe, eu encontrei a tartaruga que ela criava como animal de estimação no quintal em posição improvável: emborcada, perninhas para o ar, o casco na terra. Claro que alguém tinha feito aquela malvadeza com o quelônio.

Minha mãe me disse que a tinha deixado de castigo. Aí me contou uma série de estripulias que a tartaruga fazia para merecer castigo. Vi logo que daria uma boa historinha infantil, sem nem precisar recorrer à ficção.

Depois que conheci Mousaniel Froes Silva, técnico de editoração na época na gráfica da UFPA, desenhista hábil, escrevi o texto, ele preparou as ilustrações do livrinho "Tartaruga Sapeca".

Algum tempo depois, uma amiga pediu que eu fizesse uma continuação do livro: ela falou que, ao contar a historinha para sua neta, tinha achado triste o fim. No livrinho, a história termina com o desaparecimento da tartaruga; havia buracos na cerca, e ela escapou por um deles.

Alguns dias depois, uma vizinha de minha mãe contou que tinha aparecido uma tartaruga em seu quintal. Ao saber a quem pertencia, ela prontamente devolveu para minha mãe.

Minha amiga pediu que eu contasse a volta da tartaruga; e que eu, indo para a ficção, incluísse seus gatos e cachorros no quintal. Assim, nasceu meu segundo livrinho infantil: "A Volta da Tartaruga Sapeca".

NÃO SABEMOS NADA, E PENSAMOS QUE SABEMOS

Vi uma coletânea com manifestações veementes de analistas, de artistas, de jornalistas, de políticos profissionais (como Lula, Aécio Neves, Ciro Gomes, Geraldo Alckmin, Fernando Henrique Cardoso) a respeito da chance de Jair Bolsonaro com sua candidatura a presidente. Todos afirmam nas gravações feitas há um ano, há seis meses, há um mês, que o Brasil não corria o mínimo risco de vir a ser administrado pelo capitão da reserva do Exército. Tal como ocorreu com a candidatura de Donald Trump nos Estados Unidos.

É risível ver agora a veemência com que se manifestou, por exemplo, contrariamente às chances do capitão, um jornalista que mantém blog no UOL: ele costuma jactar-se de suas opiniões abalizadas. Vemos quão precisas são suas análises quando se trata de dizer o que está por vir! Gostaria de saber o que ele tem a comentar depois de tudo o que disse na gravação.

Só que a vitória de Jair Bolsonaro foi confirmada já às 19h18 do dia da eleição, 28/10/2018.

Eu mesmo dizia para os amigos que apoiavam o candidato que não via como eles podiam crer na vitória (pouco antes do primeiro turno). Ou seja, eu me incluo entre os que – isto pode ser dito – não sabiam e não sabem de nada, e pensam que sabem.

Perdi duas apostas com esta eleição: uma, menos mal, foi só um almoço (ainda a ser marcado – vou aproveitar para rir muito com os amigos de tudo o que vimos de inusitado na campanha); outra, pequena importância em dinheiro. E olhe que cheguei a cogitar ser mais ousado na aposta. Livrei-me, por pouco, de perda bem maior.

P. S. [1] Como vices costumam assumir o governo no Brasil, temos agora um general à espreita.

[2] Antes da eleição, o capitão ordenou ao general (olhem a subversão hierárquica!) que não falasse nada até o dia 28/10/2018; no dia seguinte ao da eleição, o capitão liberou o general para falar o que desejasse.

[3] Não vou declarar como votei (nunca anulo o voto, nem voto em branco; se não me apetecem os candidatos, escolho o que me parece menos mal); quem leu algum dos meus livros de crônicas sabe qual foi a minha escolha.

AMARRAÇÃO LÓGICA DA MINHA HEXALOGIA DE DIDÁTICA

Tive bastante trabalho com a feitura de meu livro "Elementos de Didática da Computação". Foi meu primeiro livro que trata de didática.

Ao ministrar a disciplina "Didática Geral" do currículo de cursos de licenciatura, como sempre faço, me impus duas coisas: primeiro, a leitura de todos os livros que constavam da bibliografia; segundo, a elaboração de texto para os estudantes.

Como fui chamado mais vezes a ministrar a mesma disciplina, pude aprimorar o texto, que evoluiria naturalmente para o livro.

A lacuna existente na literatura de didática, voltada especificamente para a área de computação, foi o que me atraiu para começar por aí. Os muitos anos no magistério de computação me valeram para chegar a uma estrutura harmônica dos tópicos de didática. Apresento abaixo a amarração lógica que fiz para este livro.

Concluída a obra, vi que poderia estendê-la para outras áreas das ciências exatas, com as adaptações necessárias. Contatei colega para fazer isto comigo para a área em que ele atua. Não mostrou interesse: tinha razões pessoais para não aceitar. Vi que outros estavam envolvidos em projetos pessoais dos quais não se afastariam.

Por isso, apesar de gostar de fazer parcerias – pelo enriquecimento do trabalho final que possibilita – decidi partir sozinho para a execução deste projeto, começando com a elaboração de "Elementos de Didática da Matemática"; depois, adotando a mesma sistemática de trabalho, produzi "Elementos de Didática da Física"; depois, "Elementos de Didática das Ciências Naturais"; em seguida, "Elementos de Didática da Química", até chegar em "Elementos de Didática das Engenharias".

Para cada componente do sumário, descrevo abaixo seu conteúdo.

Apresentação (aponto o objetivo do livro e destaco a minha trajetória profissional).

Introdução (preferencialmente, a partir das Diretrizes Curriculares do MEC para os cursos da área respectiva, identifico perfil, conteúdo do curso que os projetos pedagógicos das Instituições de Ensino Superior devem apresentar e habilidades e competências requeridas do profissional; se não estiverem disponíveis Diretrizes Curriculares específicas, trabalho com projetos pedagógicos de algumas instituições que oferecem o curso; depois da descrição de métodos ou técnicas de ensino no capítulo 7, em quadros-resumo, sintetizo habilidades e competências que cada método ou técnica potencialmente pode desenvolver ou aprimorar; desta forma, o docente pode selecionar as abordagens mais indicadas para sua disciplina, levando em conta habilidades e competências que seus alunos precisam exercitar).

Separei os capítulos em três partes: a primeira, em que eu apresento uma DEFINIÇÃO DE DIDÁTICA; a segunda, em que abordo os ELEMENTOS DE DIDÁTICA; e uma terceira, em que relato EXPERIÊNCIAS DIDÁTICAS de grandes professores.

A parte de DEFINIÇÃO DE DIDÁTICA eu desmembrei em dois capítulos:

1) *Tópicos de Prática Didática* (neste capítulo, conceituo ensino, método de ensino, técnica de ensino, processo de ensino, Pedagogia, Andragogia, identifico os aspectos fundamentais da Pedagogia, identifico os componentes da Pedagogia, conceituo Didática e, por fim, caracterizo a Didática Geral e a Didática Especial – aquela que focaliza uma determinada disciplina: no caso da minha tetralogia, a Computação, a Matemática, a Física, Ciências Naturais, a Química, as Engenharias);

2) *Principais eventos históricos relacionados à Didática* (neste capítulo, destaco os principais eventos históricos relacionados à Didática; são identificados cinco períodos, desde a "didática difusa" [1º período] até a Pedagogia Renovada ou Escola Nova [5º período]).

A segunda parte dos livros aborda os ELEMENTOS DE DIDÁTICA em sete capítulos (do terceiro ao nono):

3) *Ciclo do Trabalho Docente* (neste capítulo, identifico e descrevo as etapas que compõem o trabalho do professor; associo a tarefa de ministrar uma disciplina à gerência de um projeto, da forma como é vista pelo *Project Management Institute* – PMI);

4) *Educação em Diferentes Contextos* (no capítulo, identifico aspectos do tempo presente que impactam a Educação; descrevo processo de ensino e de aprendizagem de Pedro Demo, de Cipriano Carlos Luckesi e a abordagem que eu adoto em minhas aulas);

5) *Planejamento de Ensino* (neste capítulo, apresento elementos de planejamento educacional, levando em conta perspectiva sistêmica, com acompanhamento e controle de ações nas várias instâncias organizacionais, como forma de garantir excelência no cumprimento da missão e da visão de futuro institucional);

6) *Técnicas de Avaliação de Aprendizagem* (neste capítulo, classifico as abordagens de avaliação de aprendizagem em dois grupos: as técnicas de avaliação em grande escala – exames nacionais, por exemplo, e as técnicas de avaliação em pequena escala; o capítulo concentra-se neste último grupo, focalizando as avaliações diagnóstica, processual [ou formativa] e somativa);

7) *Métodos de Ensino* (neste capítulo, descrevo 20 métodos ou técnicas de ensino nos livros de Computação, Física, Ciências Naturais, Química, Engenharias; no livro de Matemática, além dos 20 métodos descritos nas outras obras, são descritas também a "Educação Matemática Crítica" e a "Etnomatemática"; no fim deste capítulo, apresento três quadros que sintetizam as habilidades e as competências que cada método ou técnica potencialmente pode desenvolver ou aprimorar, de modo que o professor faça a escolha da abordagem, com base no conteúdo a ministrar e nas habilidades e nas competências que precisam ser exercitadas pelos estudantes na disciplina a ser ministrada);

8) *Tecnologias Digitais na Educação* (neste capítulo, as potencialidades oferecidas pelas tecnologias digitais para uso educacional são ressaltadas; os argumentos de quem é contra a utilização são comentados; o conceito de distância transacional é apresentado; alguns condicionantes para sucesso das tecnologias digitais na Educação são apresentados);

9) *Que é Aprendizagem?* (neste capítulo, depois da conceituação de aprendizagem, é apresentada uma classificação das teorias de aprendizagem; são identificadas as diferentes formas de aprendizagem que uma pessoa, como característica pessoal, pode adotar; há quatro tipos diferentes de conteúdos para aprender; as formas de aprendizagem de cada um são descritas; as técnicas para fixação de aprendizagem são apresentadas; por fim, é destacada a importância da motivação para aprender).

A terceira parte do livro – EXPERIÊNCIAS DIDÁTICAS – é constituída de três capítulos (10º ao 12º), em que são descritos os trabalhos de grandes professores, respectivamente – Doug Lemov, Salman Khan e Pierluigi Piazzi.

10) *Grandes Professores – Doug Lemov* (neste capítulo, descrevo resumidamente 21 das 49 estratégias propostas por Doug Lemov originalmente para o ensino fundamental e o ensino médio; são listadas somente as cabíveis de uso no ensino superior).

11) *Grandes Professores – Salman Khan* (neste capítulo, apresento o trabalho de Salman Khan, disponível em sua plataforma de apoio ao ensino em diversas áreas do conhecimento [Matemática, Física, Química, Ciências, dentre outras], indo do ensino fundamental ao ensino superior).

12) *Grandes Professores – Pierluigi Piazzi* (neste capítulo, descrevo a experiência de outro grande professor – no caso, Pierluigi Piazzi, com sua abordagem para estímulo da inteligência e melhoria de rendimento na aprendizagem).

Já comecei a fazer a comercialização dos pdfs respectivos[1]; vou tomar providências para liberar a hexalogia para as plataformas de venda de livros digitais do país.

Publiquei também neste ano um livro que trata de didática. Coloquei o seguinte título: "Para Ensinar Melhor". Compõem o livro notas curtas, como as desta obra, que abordam a Didática de alguma forma.

Os pdfs dos meus livros podem ser adquiridos pelo e-mail abf@ufpa.br, ou abf2000@uol.com.br ou por meio do meu sítio www.abfurtado.com.br.

---

[1] Pelo www.abfurtado.com.br

O TROCO FOI DADO

William Waack, demitido no fim do ano passado da Globo em razão de declarações polêmicas, gravadas em intervalo de programa que apresentava, aguardava chance de desferir troco a quem o tirou da emissora – certamente alguém da produção ou da direção. Esta chance chegou sexta-feira passada (03/8/2018).

No fim da entrevista com o pré-candidato Jair Bolsonaro, a apresentadora Miriam Leitão respondeu a questionamento feito pelo político a respeito do apoio do Grupo Globo ao golpe militar de 1964. Pela lentidão com que falava, claramente reproduzia o que lhe passavam pelo ponto eletrônico.

Waack, a pretexto de fazer divulgação de seu programa "Painel WW", desferiu seu revide. Para ridicularizar quem passava o texto para Miriam Leitão, submetendo-a ao constrangimento de uma fala, pelo titubear, comparável às da lavra da ex-presidente Dilma, Waack disse:

– Eu não tenho chefe no ponto. Eu falo as coisas pela minha consciência. As pessoas concordam, discordam, aplaudem, xingam. Mas eu queria deixar um recado. Fiquem tranquilos: tudo que eu falo é por mim. Eu não tenho chefe no ponto.

BOCA IMPROVÁVEL

Vendo os candidatos a presidente no debate da tevê Bandeirantes no dia 9/8/2018: curioso como a boca de um deles se mexe ao falar. Parece que há uma tala interna abaixo do nariz (transversalmente), que se entende por toda a boca. Lembrei o personagem do filme "Batman" de 1989, o Coringa, feito por Jack Nicholson.

Sequela de cirurgia plástica que tirou a naturalidade do candidato?

***   ***   ***

Como um assunto puxa outro que seja associado, lembrei o caso de uma atriz: ela deve ter feito cirurgia semelhante, e não deu tão certo: só que seu problema era com a chuva. Imaginem: se ela pegar chuva, os pingos deslizam para dentro de sua boca. Alguém a alcunhou de "boca-que-chove-dentro".

PERGUNTA PERTINENTE

– O criminoso que matou o pai pode sair para o indulto de Dia dos Pais? Aliás, no caso em questão, matou a mãe também e, por óbvio, tem direito ainda ao indulto de Dia das Mães.

FORA DO CONTEXTO

Na entrevista dos pré-candidatos à presidência na Globo News, um jornalista perguntou a Geraldo Alckmin se a solução para mais recursos para o ensino superior no Brasil seria que fosse pago pelos estudantes. O candidato respondeu que no orçamento geral da educação, a básica não chega a 30%, e o número de alunos é significativamente maior ao do ensino superior. Mas que, se fosse o caso de cogitar pagamento, que não ocorresse na graduação, e sim na pós-graduação. Ele já havia dito que não tinha fechado ainda seu plano para a educação, mas que daria ênfase à educação pré-escolar e à educação básica, base da pirâmide.

Como os adversários divulgam a notícia? O candidato Geraldo Alckmin vai cobrar pela pós-graduação.

AO VER A PLATÉIA, O ESTALO

Fui convidado por um colega para falar para estudantes de pós-graduação a respeito de metodologia científica; tratava-se de evento de lançamento de nova pós-graduação (mestrado profissional). Aceitei com gosto o convite. Eu era responsável por ministrar disciplina acerca do assunto em um dos programas de graduação mantidos pela faculdade.

Quando vi a plateia, porém, eu entendi imediatamente o possível segundo alvo do convite a mim feito: vários professores da própria faculdade.

Claro, a palestra serviria acessoriamente para que alguns destes professores assumissem a disciplina que eu ministrava.

Eu não deixaria de dar a palestra, entregando método e material de trabalho se fosse informado a respeito do segundo objetivo visado, pois sei que o professor, em muitas situações, participa da formação de quem vai concorrer com ele ou substituí-lo. Este era um caso. Vida que segue. É assim.

FIDELIDADE À CONDUTA DE VIDA

A norma de conduta da personagem de hoje é procurar formas de servir-se, seja do que for e de quem for.

E se for de e em um clube serviços? Ora, tudo a ver.

Tais clubes têm como fim – o nome informa isto – servir aos outros. Pelo menos preferencialmente.

– Mas, eu não posso servir-me dele também, sendo assim servidor e servido?

E conclui:

– Por que não?

RECIPROCIDADE

Estou sempre à disposição nos grupos de que participo para cooperar, seja com quem for. Assim, tenho recebido material para opinar, para criticar, para revisar. Coloco-me à disposição, sem restrições.

Depois de atender seguidas vezes um colega, descubro, lendo um de seus textos, que ele tinha habilidade em área sobre a qual eu tinha livro para publicar proximamente. Então, pensei: vou pedir que fulano leia meu livro novo, e opine a respeito antes de lançá-lo.

Preciso dizer que, quando me predisponho a colaborar, eu o faço indistintamente e sem esperar nada em troca. Só fiz o pedido a este colega porque vi que ele, por ser pessoa conhecedora do assunto, mesmo se fizesse uma leitura na diagonal, poderia contribuir com seus comentários.

Não! A rejeição foi imediata e sem tergiversações! A forma como entendi o que ele disse: só poderia rever a obra nas calendas gregas.

Publiquei mesmo sem sua opinião, claro, pois resolvi não esperar as tais calendas.

FALANDO DE BURRICE

Muito engraçado o que falou Ciro Gomes no programa Roberto D´Avila da GloboNews de 9/11/2018. D´Avila pediu que ele falasse a respeito das recentes declarações de Jair Bolsonaro, presidente eleito, a respeito do Mercosul, do comércio com a China e da mudança da embaixada brasileira em Israel de Tel Aviv para Jerusalém.

Como forma de desqualificar o presidente, Ciro falou:

– Eu tenho segurança de que a estrutura brasileira vai engolir o Bolsonaro. E, nesse sentido, eu nem gosto dessa notícia, porque ele é uma energia. E é uma energia na direção de mudar. E essa é uma energia que eu cultivo. Não dá mais para o Brasil ficar como está. Como ele não tem... Dizem as neurociências, as novas ciências..., enfim que estudam os movimentos do cérebro que a nossa capacidade de pensar em abstrato (sic) é uma variável da análise combinatória das palavras que a gente domina. Talvez este seja o problema do Bolsonaro. Ele tem um feixe de palavras muito restrito e as análises combinatórias dão muito poucas opções, e ele está sendo chamado a falar sobre as questões mais complexas e mais sofisticadas do mundo, a partir de um país dos mais complexos e sofisticados do mundo, que é o Brasil.

D´Avila comenta:

– Este pequeno vocabulário é bom para a campanha.

Ciro complementa:

– Sim, mas para governar é melhor ficar calado.

Quem fez as afirmações acima foi a mesma pessoa que, em seu histórico de manifestações públicas, traz pelo menos uma dúzia de frases de cujos teores se podem perceber a mesma deficiência por ele apontada em Bolsonaro.

Com todo o seu rico vocabulário, ele não foi capaz de convencer parcela do eleitorado brasileiro de que merecia voto que o levasse a disputar o segundo turno da eleição deste ano. Ele foi candidato a presidente também em 1998 e 2002. Ele reconhece isto na entrevista.

Talvez seja mal familiar. Seu irmão, Cid Gomes, ex-governador do Ceará, segundo Marco Antonio Villa, jornalista da Rádio Jovem Pan, é tão dotado de capacidade cognitiva que não consegue andar e falar ao mesmo tempo; segundo Villa, para ele, só uma coisa de cada vez.

Não há registro de demonstração da grande capacidade cerebral de Ciro Gomes. Pelo tamanho da cabeça, presume-se que tenha cérebro maior e, consequentemente, atividade neural potencial mais intensa, mas nunca saiu dessa cachola nada brilhante, a despeito de possuir maior riqueza vocabular. A análise combinatória de todas estas palavras, porém, não permite afirmar que seu forte seja a formulação no plano de ideias.

Está em seu currículo que estudou em Harvard. No entanto, comparando o nível do inglês que demonstrou em Estocolmo (Suécia) neste ano, na condição de pré-candidato do PDT à Presidência – quando dispensou o trabalho da tradutora por sentir-se seguro com sua proficiência – com a fluência do vice-presidente, general Mourão (em entrevista à BBC em 1º/11/2018), deduz-se que o militar da reserva pode ser dado como nativo na língua. Registre-se que o inglês falado por Ciro Gomes é melhor que o de Dilma Rousseff; é bastante próximo do de Joel Santana (treinador de futebol, ex-técnico da África do Sul), pela tradução de clichês da língua portuguesa para o inglês. Mas a ex-presidente não é referência para este tipo de comparação.

Recorrendo a Ludwig Wittgenstein, filósofo austríaco, naturalizado britânico, 1889-1951, que deu significativas contribuições à lógica, à filosofia da linguagem. Sem contar com o recurso das neurociências, o filósofo respalda o que Ciro disse:

– Os limites da minha linguagem são os limites de meu mundo.

As circunstâncias têm conduzido o país a esta situação: de Itamar Franco (que assumiu com o impeachment de Fernando Collor), passando por Fernando Henrique Cardoso (que teve breve passagem pelos ministérios de Relações Exteriores e da Fazenda antes de assumir a presidência), Luiz Inácio Lula da Silva, Dilma Rousseff até Michel Temer, o presidente eleito ou o que assume pela vacância tem aprendido a administrar no cargo, sem experiência anterior comprovada, mesmo em cargos inferiores da administração pública. É o caso agora de Jair Bolsonaro.

Um ponto favorável do presidente eleito em 2018 é reconhecer suas limitações, e dizer que vai administrar com profissionais capacitados em cada área. É melhor reconhecer-se limitado, e cercar-se de capazes para lhe ajudar a tomar decisões, do que, sendo incapaz, agir como se capaz fosse. Como vimos nas últimas administrações do governo federal. Os tais que o jornalista Reinaldo Azevedo chama de "incapazes capazes de tudo".

Triste sina do Brasil!

UM CAFÉ ANTES DA CANA

Elogiável a postura do governador do Rio de Janeiro, Luiz Fernando Pezão, na manhã desta quinta, 29/11/2018. Recebeu calmamente a Polícia Federal no Palácio Laranjeiras, residência oficial do governador. Não chegou a ser surpresa para ele. A impressão que ficou é que ele já esperava que esta visita, mais dia, menos dia, viria. Não chegou a abrir a porta já com as duas mãos juntas para a colocação das algemas. Não há mais isto para bandidos de alto coturno por determinação do Supremo Tribunal Federal. Inclusive, ele foi levado em carro descaracterizado da PF, para não haver constrangimento do digno governador. Os traços fisionômicos e a elegância no andar – cabeça ereta em vez de cabisbaixa – enquanto se encaminhava para o carro da PF em nada não sugeriam que o destino de Pezão era a cadeia. É engraçado que nos bilhetes das propinas o governador era citado como "Big Foot". Seria forma de escamotear o real destinatário do suborno?

Bem diferente do que aconteceu, por exemplo, com Anthony Garotinho, que reagiu à prisão, alegando que estava doente, e acabou sendo levado à força em maca.

Como foi abordado ao amanhecer para assumir seu lugar na cadeia, Pezão pediu que só o levassem depois do banho e do café. Enquanto isso, a primeira dama preparava sua mala para a viagem para a cela. Ele não sabe por quanto tempo vai ficar preso (é prisão preventiva). Nem como é o café da cadeia. Não é o colonial a que ele está acostumado a tomar (e que fez questão de desfrutar antes da viagem inoportuna), servido pelos mordomos do palácio, com produtos artesanais, incluindo pães variados, manteiga, queijos, bolos, presunto, leite, café, chocolate quente, vinho, carne de porco, biscoitos, chimia (doce gaúcho), mel, e muitos outros produtos.

É a sina do Estado do Rio de Janeiro: desde 1998 (vinte anos, portanto), os governadores que passaram pelo Palácio Laranjeiras dormiram na cadeia por algum tempo – Anthony Garotinho, Rosinha Garotinho, Sérgio Cabral e, agora, o governador que ocupava o cargo, Luiz Fernando Pezão.

Dos quatro, o mais veemente contra a corrupção em seus discursos era Sérgio Cabral. Quando vi a impetuosidade e a eloquência com que combatia a corrupção em um dos seus discursos, fiquei impressionado. Pensei: "este vai longe na política!". Depois, no governo, mostrou-se o mais ladrão de todos, com grande dianteira em relação aos demais ladrões do dinheiro público: condenado pela oitava vez, a pena já está em 197 anos e 11 meses (estes dados são de 03/12/2018; é possível que haja mais condenações ainda).

Por força deste erro de avaliação do caso de Sérgio Cabral, formulei a máxima (que, até agora, tem-se mostrado verdadeira): "quanto mais veemente for o político contra a corrupção em discursos e entrevistas, mais ladrão se mostrará no exercício do mandato".

É DURA A VIDA NA CADEIA

Enquanto isso, de Curitiba vem a informação de que o presidiário ilustre tem reclamado da falta de visita íntima. Os inimigos não perdoaram, questionando:

– E as visitas do Haddad? E as visitas da "Narizinho"?

Contador de vantagens nas rodadas de cachaça, ele divertia os amigos dizendo que não podia passar sem mulher (suas palavras: "não posso viver sem buceta"). Por isso, quando passou um tempo preso na ditadura, em 1980, chegou a tentar "subjugar" um garoto que estava na mesma cela. Mas o "garoto do MEP" (MEP – Movimento pela Emancipação do Proletariado) reagiu à sua intenção.

Quem contou esta história foi um dissidente do PT, César Benjamin, em artigo intitulado "Os filhos do Brasil", publicado pela Folha de S. Paulo no dia 27/11/2009, que a ouviu nas rodadas da "marvada pinga" do próprio candidato às eleições presidenciais de 1994. Benjamin empregou o verbo "subjugar" em seu texto, mas todos sabem que se trata de eufemismo, e compreendem o que ele quis dizer.

Em seis meses, o distinto preso de Curitiba recebeu 572 visitas em sua cela especial. O apetite já não é o mesmo de 1980, mas a ser verdadeira a história de Benjamin, os visitantes que se acautelem...

POR QUE A EDUCAÇÃO É TÃO RUIM

Depois de uma exposição que fiz hoje a respeito da Didática da Física, um aluno me perguntou a razão por que o nível da Educação é tão ruim no Brasil, quando se comparam os resultados obtidos pelos estudantes brasileiros com os de outros países da OCDE. Ele comentou que o Brasil tem feito investimentos comparáveis aos dos países desenvolvidos, mas os resultados continuam sendo semelhantes aos dos países em desenvolvimento (eufemismo usado para designar países com baixos índices de desenvolvimento).

Respondi que há vários fatores responsáveis pelos resultados ruins obtidos pelos estudantes brasileiros quando avaliados. Como toda questão complexa, muitas variáveis precisam ser identificadas e analisadas para se conseguir melhor solução.

Se o recurso aplicado é de mesma ordem ao de países desenvolvidos (em torno de 5% do PIB), então este não é o problema. O recurso é mal aplicado. Há o descaminho, a corrupção, responsável pela perda de parte deste recurso. A meu ver, outra questão relevante para que os resultados sejam tão ruins é a falha na gestão educacional. Sobretudo, quanto à questão da cobrança de resultados, seja de professores, de gestores, de profissionais envolvidos. Os resultados referidos aqui são os índices de aprendizagem dos estudantes medidos pelos exames como o PISA. Não se pode falar em meritocracia na educação brasileira (os sindicatos reagem furiosamente): o que prevalece é a ideia de que qualquer benefício seja estendido a todos os professores; não há aceitação de que sejam beneficiados os mais produtivos, os que comprovadamente apresentem resultados positivos em termos de aprendizagem dos estudantes.

Até algum tempo atrás não se aceitava falar em avaliação de qualidade na educação. Basta lembrar o que ocorreu quando o ministro Paulo Renato Souza (ministro da Educação durante o governo de FHC) criou o Enem, o Sistema de Avaliação da Educação Básica (Saeb) e o "provão", para avaliar cursos de nível superior, hoje chamado de Exame Nacional de Desempenho dos Estudantes (Enade).

Há a questão salarial, em especial na educação básica: os salários baixos desestimulam que os mais capacitados busquem tornar-se professores na educação básica.

Outro aspecto a considerar: acompanhamento das atividades escolares dos filhos pelos pais ou responsáveis, para garantir suporte necessário.

A desigualdade social ainda grande no Brasil faz com que parcelas significativas da sociedade vivam ainda distantes do que seria um nível de vida aceitável, a despeito dos avanços havidos nesta área com a instituição de programas de assistência. Isto tem reflexos na educação dos filhos.

Outra questão relacionada à aplicação dos recursos: grande parte vai para o topo da pirâmide (para o ensino superior), quando deveria ir para a base da pirâmide. Ora, a prioridade certa é a educação básica, e não o ensino superior.

O descumprimento e a descontinuidade das metas estabelecidas. O trabalho com planejamento estratégico, com gestão eficiente e eficaz em todos os níveis da educação, levaria à melhoria dos resultados. Nos estados, nos municípios, nas escolas onde os resultados são altamente positivos, o que há por trás? Gestão educacional efetiva, comprometimento do pessoal envolvido (professores, administradores, orientadores educacionais, pessoal de apoio), engajamento e acompanhamento das atividades escolares pela família dos estudantes.

Aqui a questão é por que se estabelecem prioridades: o recurso existente não dá para tudo; então, elegem-se as áreas mais importantes no momento; estas são as que devem receber maior parte dos recursos disponíveis.

Sintetizando: eliminação da corrupção que degrada as ações do poder público e que subtrai recursos necessários para concretização das medidas planejadas em benefício da sociedade, gestão estratégica para aperfeiçoamento das instituições, gestão educacional efetiva, valorização dos professores e demais profissionais envolvidos na educação, comprometimento de professores com a busca de melhores resultados, envolvimento da família nas ações da escola. A atenção simultânea a este elenco de medidas seria um caminho para conquistar resultados melhores na educação, fazendo com o que o país se aproxime do nível conseguido pelos países desenvolvidos.

ÍNDICE ONOMÁSTICO

www.ingramcontent.com/pod-product-compliance
Lightning Source LLC
Chambersburg PA
CBHW072348090426
42741CB00012B/2967